序 _
持续进化的绩效考核与薪酬激励方法论

> 钱分好了，管理的一大半问题就解决了。
>
> ——任正非

经济学家罗纳德·哈里·科斯（Ronald H. Coase）认为，一家公司，究其本质，其实就是一种替代了市场的资源配置机制。

在人力资源的交易环节，所谓的绩效考核不过是"验货"，而所谓的薪酬激励不过是"埋单"。企业想买的是"绩效"，支付的是"薪酬"；雇员想卖的是"绩效"，收入的是薪酬。按理说，双方应该各自竭尽所能，各取所需，达到双赢的目的。但是，很可惜，不少公司通过刻薄手段假装给雇员发薪资，雇员也通过磨洋工假装为老板打工。用经济学术语说，这就是交易成本（transaction costs）过高。

华为公司创始人任正非曾多次说过，他既不懂技术，也不懂IT，甚至连财务报表也看不懂，但是他能做好的就是在大家研究好的文件上签字。任正非说："钱分好了，管理的一大半问题就解决了。"

◇ 绩效考核的起源与发展

绩效（performance），包含成绩和效益的意思。从管理学的角度看，它是组织期望的结果，它包括个人绩效和组织绩效两个方面。考核（indicator），即考查审核。"考"含有查核、查考的意思；而"核"，表示考察、对照的意思。本质上，它是一套测量工作绩效，并使之更加完善、更加准确、更加有效的技术手段。

MBA 教材对绩效考核的定义是："绩效考核是指考核主体对照工作目标建立相应的绩效标准，以标准为指导，跟踪员工的工作过程，评定员工的工作任务完成情况、员工的工作职责履行程度和员工的发展情况并且将评定结果反馈给员工的过程。"绩效考核起源于西方国家文官（公务员）制度。最早的考核起源于英国，但是其考察的思想却是中国上千年的科举考试考核制度流传到英国的结果。

近代绩效考核，则是在自然科学发展到一定程度，伴随着工业革命和市场经济的出现而产生和发展起来的。在西方主流观点看来，在管理研究中采用试验、分析方法开始，使得绩效考核成为一门"科学管理"的方法论，肇始于弗雷德里克·温斯洛·泰勒（Frederick Winslow Taylor）。

在大学的《政治经济学》教科书里，揭露资本主义血汗工厂的剥削制度，总绕不开"泰罗制"。

所谓科学管理的精髓就在于"任务制"，而任务制是奴隶制下组织劳动的主要手段之一。亨利·劳伦斯·甘特（Henry

刘加福 张国山————著

绩效考核与薪酬激励

PERFORMANCE APPRAISAL AND SALARY INCENTIVE

中国纺织出版社有限公司

内 容 提 要

企业发展的任何时期都需要绩效考核和薪酬激励方法，行之有效的考核方法是企业高效、持久运营的必备保障。本书汇编了绩效考核和薪酬激励的有效管理工具，不仅阐述清晰了绩效考核与薪酬激励的关系，而且对绩效考核方法、薪酬的差距与依据、"知识工人"与OKR管理、非薪酬激励系统、工资制度、绩效激励、股权激励、员工福利、个性化薪酬激励系统建设进行了详细讲述，本书介绍了数十种经过实践检验而确实有效的绩效考核和薪酬激励方法和工具，对企业管理者来说，是一本不可多得的管理工具书。

图书在版编目（CIP）数据

绩效考核与薪酬激励 / 刘加福，张国山著. --北京：中国纺织出版社有限公司，2021.11（2025.6重印）

ISBN 978-7-5180-8904-8

Ⅰ.①绩… Ⅱ.①刘… ②张… Ⅲ.① 企业绩效–研究 ②企业管理–工资管理–研究 Ⅳ.①F272

中国版本图书馆 CIP 数据核字（2021）第 188858 号

策划编辑：史 岩 责任编辑：陈 芳
责任校对：王蕙莹 责任印制：储志伟

中国纺织出版社有限公司出版发行
地址：北京市朝阳区百子湾东里 A407 号楼 邮政编码：100124
销售电话：010—67004422 传真：010—87155801
http://www.c-textilep.com
中国纺织出版社天猫旗舰店
官方微博 http://weibo.com/2119887771
武汉图物印刷有限公司印刷 各地新华书店经销
2021年11月第1版 2025年6月第24次印刷
开本：880×1230 1/32 印张：7
字数：163 千字 定价：98.00 元

Laurence Gantt）是常用管理工具甘特图（the Gantt chart），以及"甘特绩效分红计划"的发明者，他并不讳言"任务"一词与奴隶制的关系。

当管理学成为控制人的工具时，它就是一种无法拿到台面上的知识。

"二战"后，当彼得·德鲁克决定研究管理学的时候，被认为不务正业、自毁前程。德鲁克的导师替他感到不值，说："你这么一个有才华的人，怎么去研究这些摆不到台面的东西呢？你在经济学、政治学界已经崭露头角，可以很有前途的。"

现代绩效考核手段日益多样化、人文化，还是近几十年的事情。

◇ 绩效考核日益复杂

自古以来，劳心者治人，劳力者治于人。

然而，20世纪70年代，美国的白领工人数量首次超过了蓝领工人。我们进入了一个"劳心者治于人"，也就是德鲁克所谓的"知识工人"的时代。

脑力劳动不再稀罕，独立的办公室也不再现实。美国学者尼基尔·萨瓦尔在《隔间：办公室进化史》一书中指出，写字楼白领依然承担着类似于流水线上的工作，工厂的管理学被原封不动地搬到了写字楼中。按照这个逻辑推演，所谓的白领，不过是在管理者监视下高效流水线上的"PPT纺织工人"。

科学管理的批判者们认为，泰勒和甘特所创造的理论与奴隶制所展现的特性如出一辙，唯一的改善就是加入了工人的基本工资和辞职的权利。真的是这样吗？

任何一个思维正常的人都知道，长期加班不利于雇员健康，更不利于创造性思考。

即便如此，为什么很多企业还要强调加班文化呢？所以，即使在某些"大厂"，"996"也成为一种潜规则。这很可能是写字楼的"福特制"。

在"低信任体制"的管理逻辑下，出于对人性的不信任，个别企业会把加班当作控制"PPT纺织工人""码农"的一种手段。这么做的后果就是由于自由时间被长期挤占，知识工人失去自我学习、充电的机会，失去跳槽、议价的能力。雇员对这份工作只能更加依赖。

◇ 薪酬的激励性质日益凸显

"薪酬"一词在不同的历史阶段具有不同的定义，就英文单词来看，经历了 wage（工资），salary（薪水），compensation（薪酬）的过程，每一阶段都有着时代特色。

wage时代的工作报酬基本上属于基本工资，一般表现为计时或者计件工资，福利仅占有很少比例。

salary是指非体力劳动者所得到的"工资、薪水"。依据马克思的说法，"工资制度滥觞于古代，是在古代的军队中发展起来的"。

在古代，盐不是那么容易得到的东西，古罗马士兵会领到一笔钱（salarium）专门用来买盐，这就是salary的词源。salarium一词逐渐用来指代发给士兵的军饷以及发给罗马帝国所有官员的钱资。正如"薪"字代柴火，在古时候，领薪水的人，可以用这笔钱买柴火做饭，而不必自己去砍柴。

在美国，人们经常把薪水和工资加以区别。薪水是指支付给那些免付加班费员工（exempt employee），也就是豁免于《公平劳动标准法案》相关规定的雇员的薪酬，这些雇员通常没有加班工资，往往被称作"例外者"。

20世纪70年代以来，西方发达国家关于薪酬理论的研究有一种趋势，那就是不再将工资视为生产率的结果，而是倾向于将工资视为促进生产提高的手段，效率工资理论（efficiency wage theory）便是这一理论研究的产物。

从20世纪80年代开始，compensation（薪酬）概念逐渐被世人所接受，也是目前薪酬的主要表达方式。compensation原本的意思是平衡、补偿、回报。比起salary和wage，compensation所涵盖的内容越来越丰富，它既包括直接以现金形式支付的工资（如基本工资、绩效工资、激励工资、物价津贴等），也包括通过福利和服务（如养老金、医疗保险、带薪休假等）等非现金形式支付的部分。薪酬所体现的激励性日益明显。

到了2000年，美国薪酬协会（WAW）更是提出了"总体报酬"（total rewards）的概念，它包括 compensation（薪酬）、bonus

（红利）、benefits（津贴）、work-life（工作环境）、performance and recognition（个人能力认可）、development and career opportunities（职业发展机会）等多个方面。

◇ 管理方法论应因时、因地制宜

美国行为学家保罗·赫塞博士（Paul Hersey）认为，人们在领导和管理团队时不能用一成不变的方法，而要随着情况和环境的改变及员工的不同而改变方式。

任何一种绩效考核和薪酬激励方法都有其管理成本。不同的行业需要不同的管理工具，实用、高效才是关键，这需要"因地制宜"。

由于发展的不平衡性，各个企业所适用的管理工具也有所不同。即使同一家公司，在不同的发展阶段，它所需要的绩效考核与薪酬激励工具也需要与时俱进，因时制宜。

本书所汇编的这些管理工具都是经过长期实践验证的经典方法论，并没有绝对的高下之分，关键在于是否适用。彼得·德鲁克认为，管理是一种实践，其本质不在于"知"，而在于"行"；其验证不在于逻辑，而在于成果；其唯一权威就是成就。所以，我们应结合管理实践，活学活用相关理论。

刘加福

2021年7月

目 录
CONTENTS

第3章　薪酬的差距与依据

第4章　"知识工人"与OKR管理

第8章 股权激励

第9章 员工福利

第 10 章　个性化的薪酬激励系统

附录　相关术语表

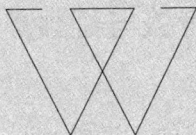

第 1 章

绩效考核与薪酬激励的关系

　　绩效考核是对员工履行其工作职责好坏程度的阶段性评定。绩效考核与薪酬激励，必须兼具公平性、合理性与激励性。

　　公平合理的薪酬体系，可稳定人心；具有竞争力的薪酬体系，可吸引、留住优秀员工；配合绩效目标的薪酬体系，可激励员工潜能、提高生产力；符合共同利益的薪酬体系，可使员工将个人绩效与公司的整体营收绩效相捆绑。因此，兼具公平、合理、激励、共同利益以及竞争性的薪酬体系，是企业提升绩效，实现激励的前提。强化绩效考核与薪酬激励的关系，不仅来自人力资本价值补偿的需要，更是基于人性的需要。

◇ 绩效考核与薪酬激励的关联性

美国学者威廉·詹姆斯研究发现，按计时工资获得报酬的员工，一般只要发挥能力的20%~30%，即可保证不被解雇。如果受到充分的激励，则员工的能力可发挥80%~90%，这说明，管理中采取激励措施，使员工的工作效率提高60%。

薪酬体系应体现"按劳取酬、多劳多得"的原则。在绩效考核过程中，要注意正式考核的周期、评价的方法、考核负责人的层级、各种业绩指标与工作表现等。

公司内需以绩效考核来修正员工的绩效问题，并给予适当的反馈、检讨与改善，以决定适当的奖赏，来维持与提升员工工作绩效。

绩效考核结束，一般需要采取追踪考核与奖励的相关措施。当员工逐渐达成绩效目标时，应适时鼓励，并给予薪酬激励，如表1-1所示。

表1-1　绩效考核与薪酬激励关系的主流观点

学　者	观　点
爱德华·劳勒	薪酬体系的确立，必须基于绩效，才能获得薪酬满足感，否则则低
亚当斯	薪酬满足取决于"参考群体"比较之公平性，也就是感觉越公平越有效
弗鲁姆	金钱是主要激励工具，然而必须努力工作后，其绩效之表现与期望相符。同时，绩效后之薪酬与期望相符，则激励效果才能发挥
洛克	薪酬满足取决于实际所得与期望所得之差异，差距越小，则激励效果越好

比如，绩效薪酬（pay-for-performance）是将员工的待遇与工作绩效紧密结合的制度，员工个人的加薪金额是基于在工作中的表现的情况。绩效薪酬激励奖励的水平越高，达到目标的努力程度和满意感就越强，所取得的工作效能也越高。

企业实施奖励薪酬计划（incentive pay plans），便是企图增强绩效与薪酬之间的关系，从而激励这些受影响的员工。大多数奖励薪酬计划，是将薪酬与企业的财务指标直接结合起来，因此企业才能将兴衰反映于薪酬的增减。

◇ 内容型激励理论

内容型激励理论基本上是围绕着如何满足员工的需要进而调动其工作积极性开展研究，也称为需要理论，这方面比较成型的理论主要有马斯洛的需求层次理论、赫茨伯格的"双因素"理论、奥尔德弗的ERG理论和麦克利兰的成就需要理论。需要是行为的动力，是人积极性的源泉。因此，调动人的积极性首先要满足人的需要。满足人的需要就要研究人有哪些需要，各种需要之间有怎样的关系，如何处理各种需要之间的关系。为此，国外许多有影响、值得我们借鉴的研究成果，指导着我们的管理活动。

1. 马斯洛需求层次理论

人们究竟需要什么样的奖赏（激励、奖励）？

不妨把需求层次论等经典知识翻出来。需求层次论是由美国心理学家亚伯拉罕·马斯洛（Abraham Maslow）于1943年在其论文《人类激励理论》中提出的。在这篇论文中，马斯洛将人类需求像阶梯一样从低到高按层次分为五种，分别是：生理需求、安全需求、社交需求、尊重需求和自我实现需求。

1969年，马斯洛升级了自己的理论，给出了一个终极版的"需求层次论"，如图1-1所示。马斯洛借鉴了管理学中的X理论和Y理论，将自己多年来发展的需求理论进行升级整合，归纳为三个层次理论，即X理论、Y理论、Z理论。

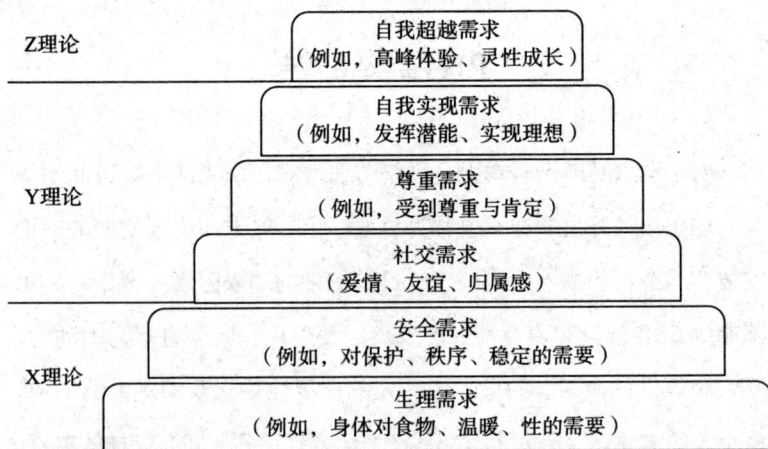

图1-1　马斯洛的X理论、Y理论、Z理论

马斯洛的Z理论证明了人是一种灵性的物种。在Z理论中，马斯洛提出了超越型的自我实现，即神圣化、灵性化的体验。这被马斯洛称为"超人本心理学"。

马斯洛这个理论为他赢得了极高声望，有人说："弗洛伊德为我们提供了心理学病态的一半，而马斯洛则将健康的那一半补充完整。"

其实，马斯洛的需求理论对应的就是各种各样"奖赏"的类别。

2."双因素"理论

传统的管理理念认为糟糕的工作环境、微薄的收入、复杂的流程和官僚作风等因素都会让人不开心。如果改善这些因素，就有助于提升员工工作积极性。但是赫茨伯格认为，导致一个人积极工作和消极工作，是基于两种完全不相干因素。

"双因素"理论（two-factors theory）是由美国心理学家弗雷德里克·赫茨伯格（Frederick Herzberg）提出的，其全称为"激励因素—保健因素理论"。

20世纪50年代后期，赫茨伯格和他的助手们在美国匹兹堡地区对200名工程师、会计师进行了调查访问。访问主要围绕两个问题：在工作中，哪些事情是让他们感到满意的，并估计这种积极情绪持续多长时间；哪些事情是让他们感到不满意的，并估计这种消极情绪持续多长时间。赫茨伯格以对这些问题的回答为材料，着手去研究哪些事情使人们在工作中感到快乐和满足，哪些事情使人们在工作中感到不愉快和不满足。他要求人们在具体情境下详细描述他们认为工作中特别好或者特别差的内容。他对调查的内容进行归类分析，结果发现，人们对于工作感到满意和不满意的因素是完全不同的。

赫茨伯格经过研究，把影响人们工作行为动机的各种因素分为两类，一类叫作保健因素，另一类叫作激励因素。

保健因素的部分，指的是维持一项工作所需要的要素。赫茨伯格通过对184个案例的调查分析发现，员工感到不满意的因素都属于工作环境和工作关系方面的外部因素，保健因素包括公司政策、管理措施、监督、人际关系、物质工作条件、工资、福利、地位、安全保障、个人生活等。当这些因素恶化到人们认为可以接受的水平以下时，就会对工作产生不满意。但是，当人们认为这些因素很好时，它只是消除了不满意，并不会导致积极的态度，这就形成了某种既不是满意又不是不满意的中性状态。

激励因素的部分，指的是工作满足的因素与工作激励和个人成长发展有关，赫茨伯格通过对1753个案例的调查分析发现，使员工感到满意的因素都属于工作本身和工作内容方面的内在因素，如成就感、赏识、得到社会的承认、负有较大责任、具有挑战性的工作、个人的成长与发展等。如果这些因素都具备了，就能对人们产生更大的激励。只有激励因素才能给人们带来满足感，而保健因素只能消除人们的不满，不会带来满足感。

"双因素"理论的根据是：

第一，不是所有的需要得到满足就能调动人们的积极性，只有那些被称为激励因素的需要得到满足才能调动人们的积极性；

第二，不具备保健因素时将引起强烈的不满，但具备时并不一定会调动人们强烈的积极性；

第三，激励因素是以工作为核心的，主要是在员工工作时发生的。

保健因素若得不到满足，则易使员工产生不满情绪、消极怠工，甚至引起罢工等对抗行为；但在保健因素得到一定程度改善以后，无论怎样改善和努力往往也很难使员工感到满意，因此也就很难激发员工的工作积极性，所以，就保健因素来说，"不满意"的对立面应该是"没有不满意"。

由于激励因素的改善而使员工感到满意的结果，能够极大地激发员工工作的热情，提高劳动生产效率；但激励因素即使管理层不给予其满意满足，往往也不会因此使员工感到不满意，所以，就激励因素来说，"满意"的对立面应该是"没有满意"。

满足保健因素需要，只能起维持积极性的作用，而不会产生激励人的作用。如果保健因素类需要得不到满足，往往会使员工产生不满情绪，消极怠工，甚至引起对抗行为。有效持久地调动员工的积极性，就要注重人们激励因素方面需要的满足，使之做出最好的成绩。

金钱不是真正的激励因素，但却是最重要的保健因素。激励措施可分为金钱的激励和非金钱的激励两种，这是打动员工心灵的手段。激励要有持续性，次数要频繁。但每位员工的需求、期望值是不一样的，任何激励措施都应该注意员工的个别差异性。

赫茨伯格的"双因素"理论同马斯洛的需要层次理论有相通之处，如图1-2所示。保健因素相当于马斯洛提出的生理需要、安全需要、社交需要等较低级的需要；激励因素则相当于受人尊敬的需要、自我实现的需要等较高级的需要。

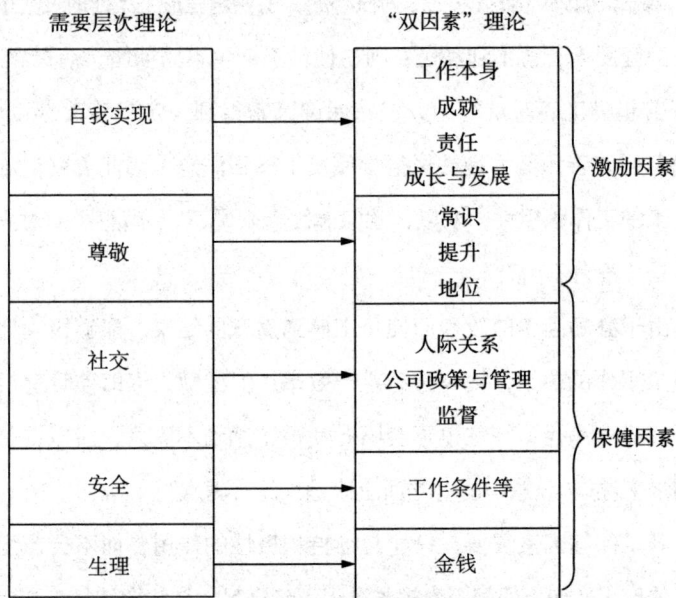

需要层次理论　　　　　　　　　　"双因素"理论

需要层次理论	"双因素"理论	
自我实现	工作本身 成就 责任 成长与发展	激励因素
尊敬	常识 提升 地位	
社交	人际关系 公司政策与管理 监督	保健因素
安全	工作条件等	
生理	金钱	

图1-2　需要层次理论与"双因素"理论的相通之处

3. 克雷顿·奥尔德弗的ERG理论

美国耶鲁大学的克雷顿·奥尔德弗（Clayton Alderfer）在马斯洛提出需要层次理论的基础上，进行了更接近实际经验的研究，提出了一种新的人本主义需要理论。奥尔德弗认为，人们共存在3种核心需要，即生存（existence）需要、相互关系（relatedness）需要和成长发展（growth）需要，因而这一理论被称为ERG理论。

（1）生存需要。生存需要是指维持生存的物质条件的需要。例如，吃饭、喝水以及蔽身等，该需要类似马斯洛的生理需要与某些安全需要。

（2）相互关系需要。相互关系需要是指在工作环境中维持与他人之间重要人际关系的需要。就个体而言，此种需要的满足依赖于分享与他人之间的情感和相互关怀的过程。这与马斯洛提出的归属与爱的需要、尊重的需要等社会需要相关。

（3）成长发展需要。成长发展需要是指个人努力创造的需要或个人在工作中成长的所有需要。这是个人发展的内部需要。成长发展需要的满足，不仅要求个体充分认识自己，自尊自信，充分发挥自己的能力，还需要集体为个人创设发展新能力的机会。此外，ERG理论还提出了一种叫作"受挫—回归"的思想。马斯洛认为，当一个人的某一层次需要尚未得到满足时，他可能会停留在这一需要层次上，直到获得满足为止。相反地，ERG理论则认为，当一个人在某一更高等级的需要层次受挫时，那么作为替代，他的某一较低层次的需要可能会有所增加。例如，如果一个人的社会交往需要得不到满足，可能会增强他对得到更多金钱或更好的工作条件的愿望。

4. 成就动机理论

20世纪50年代，由美国心理学家大卫·麦克利兰（David McClelland）和约翰·威廉·阿特金森（John William Atkinson）以默瑞（H.A.murrary）提出的成就需要理论为基础，提出了成就动机理论（Achievement Motivation Theory）。该理论把人的高层次需求归纳为对成就、权力和亲和的需求。

（1）成就需求（need for achievement），即希望做得最好、争取成功的需求。该理论认为，具有强烈的成就需求的人，渴望将事情做得更为完美，提高工作效率，获得更大的成功。他们非常看中争取成功的过程中克服困难、解决难题、努力奋斗的乐趣，以及成功之后的个人的成就感。他们对成功所带来的物质激励反而不是那么看重。

个体的成就需求与他们所处的经济、文化、社会、政府的发展程度有关，社会风气也制约着人们的成就需求。麦克利兰指出，金钱刺激对高成就需求者的影响很复杂。一方面，高成就需求者往往对自己的贡献评价甚高，自抬身价。他们有自信心，因为他们了解自己的长处，也了解自己的短处，所以在选择特定工作时很有信心。如果他们工作出色而薪酬很低，他们是不会在这个组织待很长时间的。另一方面，金钱刺激究竟能够对提高他们的绩效起多大作用很难说清，他们总以自己的最高效率工作，金钱固然是成就和能力的鲜明标志，但是由于他们认为这配不上他们的贡献，所以容易引起不满。具有成就需求的人，对工作的胜任感和成功有强烈的要求，同样也会担心失败；他们乐意甚至热衷于接受挑战，往往为自己树立具有一定难度但又不是高不可攀的目标；他们敢于冒险，又能以现实的态度对待冒险，绝不以迷信和侥幸心理对待未来，而是通过认真的分析和估计；他们愿意承担工作中的个人责任，并希望得到所从事工作的明确而又迅速的反馈。这类人一般很少休息，喜欢长时间、全身心地工作，并从工作的完成中得到具大的满足，即使遭遇失败也不会过分沮丧。一般来说，他们喜欢表现自己。麦克利兰认为，一个公司如果吸引很多具有成就需求的人，那么，公司就会发展很快；一个国家如果有很多这样的公司，整个国家的经济发展速度就会高于世界平均水平。但是，在不同国家、不同文化背景下，成就需求的特征和表现也不尽相同，对此，麦克利兰未做充分表述。

（2）权力需求（need for power），即不受他人控制、影响或控制他人的需求。不同人对权力的渴望程度有所不同。权力需求较高的人对影响和控制别人表现出很大的兴趣，喜欢对别人"发号施令"，注重争取地位和影响力。他们经常表现得雄辩、健谈、直率和高度理性；善于提出问题和要求；喜欢教训别人并乐于演讲。他们喜欢有竞争性和能体现较高地位的场合或情境，他们也会追求出色的成绩，但他们这样做的目的不是获得个人成就感，而是获得地位和权力或与自己已拥有的权力和地位相称。权力需求是管理成功的基本要素之一。

该理论还将组织中管理者的权力分为两种：一是个人权力。追求个人权力的人表现出来的特征是围绕个人需求行使权力，在工作中需要及时地反馈和倾向于亲自操作。该理论认为一个管理者若把他的权力形式建立在个人需求的基础上，则不利于他人来续位。二是职位性权力。职位性权力要求管理者与组织共同发展，自觉地接受约束，从体验行使权力的过程中得到一种满足。

（3）亲和需要（need for affiliation），即建立友好亲密的人际关系的需求。亲和需求就是寻求被他人喜爱和接纳的一种愿望。高亲和动机（motivation）的人更倾向于与他人进行交往，至少是为他人着想，这种交往会给他带来愉快。高亲和需求者渴望亲和，喜欢合作而不是竞争的工作环境，希望彼此之间达成沟通与理解，他们对环境中的人际关系更为敏感。有时，亲和需求也表现为对失去某些亲密关系的恐惧和对人际冲突的回避。亲和需求是保持社会交往和人际关系和谐的重要条件。该理论指出，注重亲和需求的管理者容易因为讲究交情和义气而违背或不重视管理工作原则，从而导致组织效率下降。

针对以上三种需求，企业宜分别采取不同的激励措施：

对需要高度成就的现实主义者，应及时给予其工作绩效的明确反馈信息，使其了解自己是否有所进步；为其设立具有适度挑战性的目标，避免为其布置特别容易或特别难的任务。

对权力需要者，应设立具有竞争性和体现较高地位的工作场合和情境。

对亲和需要者，应设立合作而不是竞争的工作环境。

◇ 过程型激励理论

过程型激励理论着重对行为目标的选择，即对动机的形成过程进行研究，主要包括弗鲁姆的期望理论、亚当斯的公平理论和洛克的目标设置理论。

1.弗鲁姆的期望理论

北美著名心理学家和行为科学家维克托·弗鲁姆（Victor H. Vroom）提出的期望理论（expectancy theory），又称作"效价–手段–期望理论"。弗鲁姆于1964年在《工作与激励》一文中提出：人们之所以采取某种行为，是因为他觉得采取这种行为可以有把握达到某种结果，并且这种结果对他有足够的价值，满足某种需求。

弗鲁姆认为，人总是渴求满足一定的需要并设法实现一定的目标。这个目标在尚未实现时，余现为一种期望，这时目标反过来对个人的动机又是一种激发的力量，而这个激发力量的大小，取决于目标价值（效价）和期望概率（期望值）的乘积。用公式表示就是：

$$M = \sum V \times E$$

其中：M表示激发力量，是指调动一个人的积极性，激发人内部潜力的强度。

V表示目标价值（效价），这是一个心理学概念，是指实现目标对于满足他个人需要的价值。

E表示期望值，是人们根据过去经验判断自己实现某种目标的可能性是大还是小，即能够实现目标的概率。目标价值大小直接反映人的需要动机强弱，期望概率反映人实现需要和动机的信心强弱。如果个体相信通过努力肯定会取得优秀成绩，期望值就高。

这个公式所要表达的是：假如一个人把某种目标的价值看得很大，估计能实现的概率也很高，那么这个目标激发动机的力量就很强烈。

经发展后，期望公式表示为：

$$动机=效价×期望值×工具性$$

其中，工具性是指能帮助个人实现的非个人因素，如环境、快捷方式、任务工具等。

怎样使激发力量达到最佳值？弗鲁姆提出了人的期望模式：

个人努力 —→ 个人成绩（绩效）—→ 组织奖励（报酬）—→ 个人需要

这个期望模式中的四个因素需要兼顾三方面关系，这也是调动人们工作积极性的三个条件。

·挑战与绩效呈正相关。员工通过一定的努力能够实现预期的目标，如果个人主观认为通过自己的努力实现预期目标的概率较高，就会有信心，就可能激发出很强的工作热情，但如果个人认为再怎么努力目标都不可能实现，就会失去内在的动力，导致工作消极。但能否实现预期目标，不仅取决于个人的努力，还受到员工的能力和上级提供支持的影响。

·绩效与激励呈正相关。人总是希望取得成绩后能够得到激励，这种激励既包括提高工资、多发奖金等薪酬激励，也包括表扬、自我成就感、同事的信赖、提高个人威望等非物质激励，还包括得到晋升等物质与精神兼而有之的激励。如果个人取得绩效后能够得到合理的激励，他就可会迸发出更多的工作热情，否则会挫伤工作积极性。

·激励与个人满意度呈正相关。人总是期望获得的激励能够满足自己某方面的需要。然而由于年龄、性别、经历、阶层等方面的差异，人们需要的内容不尽相同。因而，针对不同的人，采用同一种激励方案，所产生的效果也就相去甚远。

期望理论可以解释一些企业员工流失率过高的问题。有些企业在招聘员工时之所以缺乏对工作岗位的真实具体描述，是因为招聘人员担心应聘员工一旦获知实情就可能放弃应聘。

新毕业的学生常常期待能立刻面对挑战性的工作，并得到快速的提升。当他们的愿望没有实现时，他们或在岗而不做事，或干脆离职。体力员工离职有时是因为干了几天之后，认为他干的工作太肮脏油腻。办公室员工离职是因为他们被分配在小格子间里而不是单独的办公室。

雇主对员工也有各种期望——员工应准时上班、应具有良好的判断力和必要的工作技能、与同事融洽相处等，不一而足。这些期待有些是合理的，有些则是不合理的。但如果没有摆到桌面上说清楚，彼此之间的期待就可能会落空，造成又一次人员流动。

当员工辞职而接受另一家公司的工作时，才会意识到他们对新工作的期待并不现实。我们将此称为"自家草地不如别处绿"症状。当他们发现新工作不如他们所期待的时，便会产生流动的念头，有时甚至会与原来的公司联系，希望回到原来的工作岗位。

2. 亚当斯的公平理论

公平理论（equity theory）又称社会比较理论，由美国心理学家约翰·斯塔希·亚当斯（John Stacey Adams）于1965年提出。

该理论是研究人的动机和知觉关系的一种激励理论，薪酬满意的程度取决于工作者对付出与报酬之间平衡的知觉，认为员工工作满意的感受，取决于个人实得的报酬与他所认为应得报酬二者之间的差距是否感到公平，或将自己的付出与所得和他人比较，希望能保持两者之间的平衡。换言之，薪酬激励的效果，来源于员工对自己和参照对象报酬和投入的比例的主观比较感觉，该理论主要探讨薪酬分配的合理性、公平性及对员工行为积极性的影响。

（1）公平是一种主观的认知与评价。公平感是人类的一种基本心理需要。人不仅有保持生理平衡的需要，也有保持心理平衡的需要。对报酬待遇的认知失调，将影响心理平衡，使人产生不公平感和心理紧张；对报酬和待遇感到满意，就会使人获得公平感，对工作充满积极性。即一个人要将自己获得的"薪酬"（包括金钱、工作安排以及获得的赏识等）与自己的"投入"（包括教育程度、所做努力、用于工作的时间、精力和其他无形损耗等）的比值与组织内其他人做社会比较，只有相等时他才认为公平。如下式所示：

$$OP/IP=OC/IC$$

其中：OP 表示自己对所获报酬的感觉；

OC 表示自己对他人所获报酬的感觉；

IP 表示自己对个人所作投入的感觉；

IC 表示自己对他人所作投入的感觉。

当上式为不等式时，人可能出现以下两种情况：

· OP/IP<OC/IC

在这种情况下，第一种办法是人可能要求增加自己的收入或减小自己今后的努力程度，以使左方增大，趋于相等；第二种办法是他可能要求组织减少比较对象的收入或者让其今后增大努力程度以使右方减小，趋于相等。此外，他还可能另外找人作为比较对象，以便达到心理上的平衡。

· OP/IP>OC/IC

在这种情况下，人可能要求减少自己的报酬或在开始时自动多做些工作，但久而久之，他会重新估计自己的技术和工作情况，终于他觉得确实应当获得那么高的待遇，于是产量便又回到过去的水平。

（2）人们通过投入与产出比来评价是否公平。人目前投入的努力与所获薪酬的比值，同自己过去投入的努力与过去所获薪酬的比值进行比较，只有相等时他才认为公平。如下式所示：

$$OP/IP=OH/IH$$

其中：OP 表示对自己报酬的感觉；

IP 表示对自己投入的感觉；

OH 表示自己对过去所获报酬的感觉；

IH 表示自己对个人过去投入的感觉。

当上式为不等式时，会出现以下情况：

当 OP/IP<OH/IH 时，人会有不公平的感觉，这可能导致工作积极性下降。

当OP/IP>OH/IH时，人不会因此产生不公平的感觉，但也不会认为自己多拿了薪酬从而主动多做些工作。

调查和试验的结果表明，不公平感绝大多数是由于经过比较认为自己报酬过低而产生的；但在少数情况下，也会由于经过比较认为自己的报酬过高而产生。

（3）不公平感所激发的消极反应。员工经常与企业内同类员工的薪酬做比较，也会与企业以外其他员工同类工作做比较，并以此衡量一下是否值得继续为企业效力。当员工感到企业对自己不公平时，就会采取一系列行为：若自己的报酬高于比较对象，则可能采取减少报酬或增加投入的行动，以消除心理上的愧疚。一般而言，采取减少报酬的方式很少，而大多采取提高质量或产量的方式，以便更加努力的工作来消除心理上的愧疚感。但在自己的报酬低于比较对象的情况下，则可能采取要求增加报酬和减少投入的行动，以消除不公平感。例如，首先要求增加收入，达到与比较对象相当的水平；在自己的报酬得不到提高的情况下，会减少投入，比如在按件计酬的给薪下，员工将降低产品质量，提高产品数量。

3.洛克的目标设置理论

美国马里兰大学管理学兼心理学教授洛克（E.A.Locke）于1967年最先提出了"目标设置理论"（Goal Setting Theory），他认为明确的目标本身就具有激励作用，这是因为人有希望了解自己行为的结果和目的的认知倾向，这种了解能减少行为的盲动，提高行为的自我控制，并将自己的行为结果与既定的理论意义进行比较，及时进行调整和修正，从而实现目标。

该理论认为，设置达到目标是一种强有力的激励，是完成工作的最直接动机，也是提高激励水平的重要过程。外来的刺激如奖励、工作反馈、监督的压力等，都是通过目标来影响动机的。目标导致努力，努力创造工作绩效，绩效增强自尊心和责任心，从而产生更高的目标。

洛克等从实验中还发现，从激励的效果来说，有目标比没有目标好，有具体的目标比空泛的、号召性的目标好，有能被执行者接受而又有适当难度的目标比唾手可得的目标好。还有学者认为，遇到难度高且复杂的目标，可以把它划分为若干阶段性目标，通常称为"小步子"。通过"小步子"的逐一完成，最后实现总目标，这是完成艰巨目标的有效方法。

目标设置理论的主要内容：

·目标要有一定难度，但又要在能力所及的范围之内。

·目标要具体明确（例如，对于写一篇文章来说，完成70%要比仅仅尝试一下好得多）。

·必须全力以赴，努力实现目标。如果将你的目标告诉一两个亲近的朋友，那么，将有助于你坚守诺言。

·短期或中期目标要比长期目标更有效。比如，下星期学完某一章节，可能比两年内拿一个学位的目标好很多。

·要有定期反馈，或者说，需要了解自己向预定目标前进了多少。

·应当对目标达成给予奖励，将它作为将来设定更高目标的基础。

·在实现目标的过程中，对任何失败的原因都要抱有现实的态度。人们有将失败归因于外部因素（如运气不好），而不是内部因素（如没有努力工作）的倾向。只有诚实对待自己，将来成功的机会才能显著提高。

洛克和他的团队在研究中发现，外来的刺激，如奖励、工作反馈、监督的压力等，都是通过目标来影响动机的。目标能引导活动指向与目标有关的行为，使人们根据难度的大小来调整努力的程度，并影响行为的持久性。

该理论认为，在企业管理中，目标应该明确化，而不是简单地告诉员工："请尽你的最大努力工作"，同时在工作中应适时提供绩效的反馈，说明与目标的距离要比没有反馈会获得较高的绩效。

第 2 章
绩效考核的方法

　　在一个组织内部，绩效考核的制订是一个容易得罪人的工作，因为它直接关系到员工的薪酬和晋升。绩效考核不恰当，不仅会影响员工的情绪，还会影响部门的工作。甚至有些经理不愿意接受真正严格的考核，因为很多考核的本质是"我们来找茬"，也就是说，中层主管对公司制订的绩效考核制度往往在感情上不愿意执行，因为这要承担一定的人际关系风险。

　　更重要的是，考核的结果往往和实际情况相去甚远。事实上，很多大公司并没有把绩效考核当回事儿。所以，能够得出准确、公平的考核结果，就是绩效考核工作的最大成功。

● ● ●

◇ 考核与反馈

人们常说："考核什么就会得到什么。"这句话的含义是考核具备指挥棒效应，即哪些东西被考核且权重高，人们就会把有限的资源投入其中。

让激励有效，最重要的是确定提倡什么，不提倡什么，奖励什么，批评什么，让激励产生正反馈。

管理学上有一则渔夫与蛇的寓言："一天，一个渔夫在船上看见一条蛇口中含着一只青蛙，青蛙正在痛苦地挣扎。渔夫非常同情青蛙的处境，就把青蛙从蛇的口中救出来并放生，这时渔夫又觉得有些对不起饥饿的蛇，出于同情，就把自己携带的酒在蛇口中滴了几滴，蛇愉快地离开了。渔夫也为自己的行为感到高兴。

正当渔夫沉浸在自我陶醉中时，听到了船头有拍打声，渔夫探头一望，大吃一惊，因为他发现那条蛇正抬头眼巴巴地盯着自己，嘴里含着两只青蛙。"

这则寓言给我们一个启示：你的奖励会产生反馈，这个反馈可能是正反馈，也可能是负反馈。人们的行为总是朝着他们认为对自己有利的方向发展，因而容易掉入奖励的陷阱，常常奖励了不该奖励的行为。

有一家著名的钢铁公司，在一项工程招标中，由于某项指标过低而没有中标，集团领导十分郁闷，回来之后给炼钢分厂下达了一道命令，要求炼钢分厂在一个月内将这项指标提高到规定标准，但是事情一拖就是半年，半年之后这项指标仍然没有变化。

集团公司为了弄清原因，就指派调研小组进行实际考察。调研小组仔细分析了各种数据，终于发现集团公司对分队的考核是70%的数量指标，30%的质量指标，于是炼钢分厂的员工就舍弃了30%的质量指标，而过分追求70%的数量指标。鉴于此，调研小组给集团公司写了一个报告，建议调整一下炼钢分厂的考核指标，结果只用了两个星期，这项指标就上来了。

如果集团公司"宣布讲究实绩、注重实效，却往往奖励了那些专会做表面文章、投机取巧的人"，这样的奖励只能鼓舞公司员工都投机取巧，做表面文章，导致公司的实际绩效下降。所以这不仅起不到奖励的作用，还会适得其反。

素有"管理之父"之称的法国工业家亨利·法约尔曾经做过这样一个实验：他挑选了20名技术水平相近的工人，每10人一组，把他们分成了2组。然后，在相同条件下，让他们同时进行生产。每隔一个小时，他就回去检查一下工人们的生产情况。对第一组工人，法约尔只是记录下他们各自生产的产品数量，但是并不告诉他们的生产速度。对第二组工人，法约尔不但对生产的产品数量进行了登记，而且告诉他们各自的生产速度。

每一次考核完，法约尔都根据考核结果，在生产速度最快的2个工人的机器上各插一面小红旗；在生产速度居中的4个工人的机器上各插一面小绿旗；而在生产速度最慢的4个工人的机器上各插一面小黄旗。这样一来，每个工人对自己的生产速度到底如何一目了然。

实验的结果显示：第二组工人的生产效率远远高于第一组工人。

可见，把考核的结果反馈给员工是非常重要的。绩效反馈面谈不仅能为员工指明努力的方向，还能不断地激发员工的上进心和工作积极性。因此，能否及时有效地对考核结果进行反馈面谈，将直接关系到企业整体绩效的提高。

◇ 目标管理（MBO）考核法

第二次世界大战期间，美国麻省理工学院克尔特·李温博士（Dr.Kurt Lewin）观察到家庭主妇购买食物习惯：依照她们家庭需要及财务状况，设定目标有计划来购买。这启发他想出了"目标管理"的构思。

20世纪50年代，彼得·德鲁克（Peter F.Drucker）开始极力倡导，并在各类型组织机构中推广目标管理模式。目标管理的基本思路是：一个组织必须建立总目标，作为该组织的方向；为达成总目标，组织中的团队和个人必须分别设定几个分目标，并应与组织的方向协调一致；通过划分总目标与分目标的方法，将许多关键的管理活动结合起来，实现全面、有效的管理。

目标管理一方面强调完成目标，实现工作成果；另一方面重视人的作用，强调员工自主参与目标的制定、实施、控制、检查和评价。

为更好地实行目标管理法，应注意以下几方面事项：

·整体目标制定时必须兼顾内外在环境，建立每位考核者所应达到的目标。目标的制定必须切实可行，并符合工作者的期望，使工作者认为目标达成与否关系其个人的成败得失，故目标的制定具有激励的效果。

·制定被考核者达到目标的时间框架。就是说在他们为这一目标努力时，可以一起安排时间，了解自己目前在做什么、已经做了什么和下一步将要做什么。

·将实际达到的目标与预先设定的目标相比较。目标必须按其重要性予以等级区分，分清轻重缓急，以使资源做最有效发挥。已确立的目标必须因应环境状况的变迁随时予以增删修补，保持正确可行。

·制定新目标以及为达到新目标而可能采取的新战略。凡是成功地实现了目标的被考核者都应被允许参与下一次新目标的制定。

·目标成果之考核与薪酬激励结合。目标执行结果经过评核之后，就成为衡量员工绩效及提供奖励的依据。由于此种奖励系以实际达成的成果为基础，合乎客观、公正的原则，此乃目标管理制度在人力资源管理上的一项主要功能。

目标管理是以 Y 理论为基础的。所谓的 Y 理论与 X 理论相对。它将人性假设为喜爱工作、发自内心地愿意承担责任的理论。美国行为科学家麦格雷戈于 1957 年在《企业中人的方面》一文中提出。认为人的本性是喜爱工作。要求工作是人的本性；在一般情况下，人们能主动承担责任，是受内在兴趣自我驱动的，热衷于发挥自己的才能和创造性；大多数人都具有解决组织问题的能力。因而在管理中，为了促使人们努力工作，应考虑工作对于员工的意义，鼓励员工参与目标的制定；以"启发和诱导"来代替"命令和服从"，用信任代替控制和监督；重视员工的各种需要和内在激励，并尽可能在实现组织目标过程中予以最大的满足。

◇ 关键绩效指标（KPI）考核法

关键绩效指标（Key Performance Indicator, KPI），又称主要绩效指标、重要绩效指标、绩效评核指标等，是指衡量一个管理工作成效最重要的指标。关键绩效指标（KPI）是被现代企业普遍重视的一种绩效考评方法，这个名词往往用于财政、一般行政事务的衡量，是用来衡量部门、团队或某一岗位人员工作绩效表现的量化指标，是对工作完成效果的最直接的衡量方式。

在戴维·帕门特所著的《关键绩效指标》一书中写明了KPI应该包括以下四点：

·关键成果指标，用于说明为了实现组织愿景你应该怎么做。

·绩效指标，用于说明为了实现组织愿景需要做什么。

·成果指标，用于评估工作的完成情况。

·关键绩效指标，用于说明为了显著提升绩效水平需要完成哪些工作。

KPI考核法是把企业的战略目标分解为可运作的远景目标的工具，是企业绩效管理系统的基础。KPI可以让部门主管知道部门的主要责任，并把它作为基础，明确部门人员的绩效衡量指标，将绩效考评建立在可量化的基础之上。

1.建立关键绩效指标体系的原则

KPI自20世纪早期诞生以来迅速成为一种获得广泛认可的、有效的绩效评估方法。建立明确可行的关键绩效指标体系，是做好绩效管理的关键。

关键绩效指标的确定，应当依据SMART原则：

· 具体的Specific。

· 可度量的Measurable。

· 可实现的Attainable。

· 现实的Relevant。

· 具有截止期限的Time-based。

SMART原则最早是由乔治·多兰（George T.Doran）提出的。他认为，当人们的行动有明确的目标并且能够把自己的行动与目标不断加以对照，清楚地知道自己的进度和与目标的差距时，行动的动机就会得到维持和加强，就能克服更多困难付出更多努力。

2.用"鱼骨图"法建立关键绩效指标体系

"鱼骨图"法是一个十分形象的方法，将"企业战略目标"喻为"鱼头"，层层分解出"鱼骨"。主要步骤如下：

· 明确目标——寻找鱼骨图的"鱼头"。必须有一个明确的目标，没有明确的目标，KPI都是空谈。

·使用头脑风暴法寻找影响因素，集思广益，寻找各个主要因素。

·利用鱼骨图，按照结果、策略、短板、板块进行逻辑分析，剔除不合理因素，将相同的因素归纳在一起。

·利用鱼骨图寻找衡量关键因素的KPI。

因此，建立关键绩效指标体系依据以下原则：

·目标导向。关键绩效指针必须依据企业目标、部门目标、职务目标等来确定。

·注重任务质量。因任务质量是企业竞争力的核心，但又难以衡量，因此，对任务质量建立指针进行控制特别重要。

·可操作性。关键绩效指标必须从技术上保证指标的可操作性，对每一指标都必须给予明确的定义，建立完善的信息搜集渠道。

·强调输入和输出过程的控制。设立关键绩效指针，要优先考虑流程的输入和输出状况，将两者之间的过程视为一个整体，进行端点控制。

KPI的实施流程如下：

·进行人事组织。

·确定影响结果的关键性因素，并且确立KPI。

·对关键绩效指标进行检测，并且进行实时监督。

·对有错误行为的人进行监督、批评、惩戒。

◇ 平衡计分卡（BSC）考核法

KPI考核法只能考核结果，无法展示导致结果的深层次原因。只考核结果，员工会为了短期目标而走一些捷径，例如，单纯延长工作时间、给下属施加更多压力等。平衡计分卡理论旨在克服这个弊端。

为帮助现代企业规避因过度追求KPI导致短视的行为，哈佛大学名师罗伯特·卡普兰和大卫·诺顿两人于1992年提出了平衡计分卡方法。

平衡计分卡（Balanced Score Card，BSC），是一种具有多维角度的绩效衡量模式，即通过四个层面——财务、客户、内部流程及员工学习与成长能力来实施策略管理。

它最大的价值功能就在于能保持财务指标与非财务指标之间的平衡，长期目标与短期目标之间的平衡，内部衡量与外部衡量之间的平衡，成果与成果的执行动因之间的平衡，管理业绩与经营业绩之间的平衡等。

平衡计分卡是一种有效的衔接企业战略和绩效的考核法。

平衡计分卡不仅涵盖战略领域，还包括人力资源管理。该方法只要运用得当，将它与公司特定环境和薪资系统相结合，明确战略重点和战略实施的细节并指导员工的工作，就是一个很好的绩效管理系统。实际上，平衡计分卡不仅能实现绩效的管理，它还是一种战略管理工具。它将对企业业绩的评价划分为四个部分：财务、客户、经营过程、学习与成长。

1.主要平衡目标

平衡计分卡作为一种战略绩效管理及评价工具，主要从四个重要方面来衡量企业。

（1）财务指标。为股东创造价值是企业经营的直接目的和结果。尽管由于企业战略的不同，可能在长期或短期对于利润的要求会有所差异，但从长远角度来看，利润始终是企业追求的最终目标。

（2）客户指标。如何为客户提供所需的产品和服务，从而满足客户需要，提高企业竞争力，客户角度正是从质量、性能、服务等方面来考验企业的优秀度。

（3）平衡组织内部群体与外部群体。在平衡计分卡中，股东和客户为外部群体，团队成员与内部流程相关的人员为内部群体。平衡计分卡可以在有效执行战略过程中平衡这些群体间的利益，避免无原则地满足客户挤压内部群体诉求，从而给组织在短期繁荣中埋下隐患。

（4）长期和短期目标。短视往往是由过度强调财务指标引起的。平衡计分卡将其他关乎长期发展的指标纳入绩效考核，并且给予与财务指标同等的权重能够帮助人们重视与组织发展相关的各个因素。

2.平衡计分卡实施流程

平衡计分卡要求企业必须将企业的愿景、经营战略及竞争优势转化为企业员工的绩效指标，以帮助企业落实企业的愿景与战略。

平衡计分卡之关键在于企业必须首先有明确的"经营战略"和

"竞争优势"，其次将其转化为可以衡量的绩效指标，最后还要详细展开并联结到员工的绩效指标。

（1）简洁明了地确立公司使命、远景与战略。

（2）成立管理委员会和项目组，解释公司的使命、远景与战略。管理委员会和项目组需要全面分析所有的内外部因素，制定清晰的公司战略，包括以下领域进行分析、讨论并取得共识：

· 企业生命周期；

· SWOT分析，即优势、劣势、机会和威胁的分析；

· 目标市场的价值定位。

（3）目标设定。在定义或明确了公司使命、希望实现的目标和战略之后，高级管理层开始制定公司的战略绩效目标，这通常从四个角度展开——财务、客户、流程、学习和成长。公司项目组应该把公司战略和平衡计分卡用以下两个方式联系起来：

· 财务和非财务目标；

· 领先绩效指标和滞后绩效指标。

一般高级管理层在开发平衡计分卡时运用战略图。它可以反映出公司高层对战略要素中因果关系的假设。项目组要制定具体的指标、目标值和行动方案，用来实现关键目标。最后确定每个行动方案的任务，然后进行跟踪，确保落实和执行。平衡计分卡软件可以帮助公司实现这一战略的关键环节。

（4）建立财务、客户、内部运作、学习与成长四类具体的指标体系及评价标准。

（5）数据处理。根据指针体系收集原始数据，通过专家打分确定各个指标的权重，并对数据进行综合处理、分析。

（6）将指标分解到企业、部门和个人，并将指针与目标进行比较，从而发现数据变动的因果关系。以部门层面的平衡计分卡为例，各部门把自己的战略转化为平衡计分卡。在此过程中要注意结合各部门自身的特点，在各自的平衡计分卡中应有自己独特的、不同于其他部门的目标与指针。

（7）预测并制定每年、每季、每月的绩效衡量指针具体数字，并与公司的计划和预算相结合。

（8）将每年的报酬奖励制度与经营绩效平衡表相结合。

（9）实施平衡计分卡，进行月度、季度、年度监测和反馈实施的情况。

（10）建立人力资源计分卡（Human Resource Scorecard）。人力资源计分卡是借由平衡计分卡理论中"战略地图"（strategy map）的概念，将公司抽象的经营战略，具体转化为可衡量的关键绩效指标与行动方案的过程，再以因果的概念，联结人力资源实务与各项关键绩效指标及经营战略间的关系。

◇ 360 度（PIV）考核法

自 20 世纪 90 年代开始，在西方跨国公司中就有一种非常流行的绩效考核方法，即360度考核法。大部分财富500强企业，包括GE、宝洁、惠普、3M、美国运通银行、杜邦、陶氏公司、IBM和福特等公司，都采用360度考核法（PIV考核法）。

实际上，360度考核法的流行并不限于大公司。据一项对美国企业较大规模的调查显示，65%以上的公司在2000年采用了360度考核的评定体系，比1995年调查的40%上升了许多。

360度考核法是一种多源性考核法，是为数不多的能对绩效考核中的定性指标进行科学、系统考核的方法。

1. 对中层主管的360度考核问卷

·我的主管在给予我反馈的同时还提供了可操作的方法来帮助我改进。

·我的主管不会事无巨细地干预我的工作。

·我的主管把我当人看待而不是资源或工具。

·我的主管能明确地向团队和个人传达目标，并且帮助团队所有成员深入理解和统一认识，把对目标的误解和分歧消除在早期。

·我的主管帮助团队专注于优先级高的结果/交付物。

·我的主管频繁地、及时地向他的经理和其他项目相关方提供有价值的反馈。

·我的主管每隔半年都会与我讨论职业发展规划。

·我会向其他员工推荐我的主管并且鼓励他们加入我们的团队。

可见，360度考核法具有以下优点：

（1）全视角。如果单从任意一个方面观察人，观察角度就不会全面，对被考核者的评价难免片面。360度考核法的考核者来自企业内外的不同层面，这样得到被考核者的考核信息更多，考核也就更全面、客观。

（2）考核结果误差小。360度考核法的考核者不仅来自不同层面，而且都和被考核者有密切关系，考核结果取其平均值，这样一来，考核的结果更接近于客观情况，还能减少个人偏见及评分误差。

（3）针对性强。360度考核法对不同的被考核者分别使用不同的考核量表，针对性强。

（4）匿名考核。360度考核法采用匿名方式，这样考核者能够客观地进行评价，如此一来，就保证了考核结果的可靠性，减少了考核者的顾虑。

（5）参照开放式的表格。通过开放式的表格，能够收集到很多比较中肯的评价意见。与传统方法相比，它需要对收集的大量表格和考核信息进行分门别类的统计和分析，绘制多种统计图表，从中发现问题，提出考核意见。

2.360度考核法的流程

360度考核法中，除了管理人员会对员工进行评估，还会选择与员工日常工作紧密相关的人员如客户、同事、下级等参与对该员工的评估。员工也会进行自我评估。这些评估报告提供了对员工日常工作的360度反馈，避免了由管理人员的主观印象左右考核结果带来的各种潜在问题。360度评估法可以通过设置合理的问题，从多个合作人员处收集反馈，形成管理人员的胜任力画像，从而客观地描述其领导力的成熟度。

· 依据被考核者的岗位职责和对其能力要求设计360度调查问卷的问题和打分标准。

· 从与被考核者日常紧密合作的对象中选择58位作为对被考核者提供反馈的评估者。

· 将调查问卷同时发给被考核者和评估者。

· 被考核者、评估者分别填写调查问卷对被考核者进行评估并且将结果发回。

· 汇总结果形成最终报告发送给被考核者和其直属上级。

· 直属上级和被考核者举行评审会议，根据结果商议下一步行动计划。

360度考核法擅长考核定性指标。对于绩效考核中的定量指标，其考核过程依赖统计数据不依赖人们的反馈，所以定量指标不纳入360度考核法评估的范围。在设计绩效考核系统时，常见的做法是选一个能够跟踪目标和进度的工具如KPI或OKR等与360度考核法搭配对绩效考核指标进行全覆盖。

3.360度考核法的特点

360度考核法也称多源考核法。它是一种从不同层面的人员中收集评价信息，从多个视角对员工进行综合考核的方法。简单来说，就是由被考核者本人以及与他有密切关系的人，包括被考核者的上级、同事、下级和内、外部客户等，分别从多个方面对被考核者进行360度的匿名评价，专业人士再根据各方的评价结果，与被考核者的自我评价做对比，从而提出反馈意见。这样被考核者就能知晓各方面的意见，清楚自己的优劣势，以达到改变自身行为、提高能力水平和绩效的目的，如表2-1所示。因此，作为一种新的业绩改进方法，360度考核法得到了广泛应用。

表2-1　360度考核法较传统绩效考核方法的优点

类　别	360度考核法	传统绩效考核方法
资料的来源	直属主管、部属、同侪、顾客、自评	自上而下：直属主管
数据的正确性	能够清楚地将员工不同水平的工作表现做明确的区分与辨识	不同员工之间评估结果的区分与辨识小
数据的有效性	各种效标之间的区别大 有效性较高	各种效标之间的区别小 会受各种偏误的影响而降低有效性
数据的完整性	为未来取向，重视工作过程，着重于行为、技术和能力 可评鉴员工私下的工作表现	为过去取向，重视工作成果，着重于结果或期望 评估的是员工公开的工作表现
对无表现的考核	有其他来自各方面的评估，实际反映受评者的真实表现	缺乏对无表现部属的评估，故为避免不必要的麻烦，有时会给予超出表现所应得考核结果
评估的公平性	观察角度全面，员工表现有被完整全认知的机会，不会因故被忽略或误会 由受评者提供考核者的名单，结果来自所有评估的总和，并通过安全保护措施的检验，不会被一两个人的意见左右，影响公平性	评估结果会因个人偏好，以及友谊、同学、校友、同乡等因素而受影响

类　别	360 度考核法	传统绩效考核方法
考核法的设定	由员工参与和管理者及专家共同完成	只由管理者或专家单独完成
考核结果的用途	兼顾行政性（考评、晋升、定薪与奖惩）与发展性（培训、行为改变与生涯规划）	只能单独做行政性用途
法律争议	源头多元的评估数据，兼顾公平性、正确性与有效性，较无法律问题上的争议	容易因评估不公平或主管的个人偏误而发生法律争议
与员工的关系	支持、鼓励、合作的关系	监督、抵抗、易陷入对立的监督者与被监督者的关系
受考核者的感受	包含受评者的自我评估，接受度高，目的是希望多了解接受来自多方面的反馈 通过参与的过程，对整个系统及其结果产生承诺感，进一步提高对采用此系统之组织与工作本身的满足感	让部属觉得只是例行公事，为了行政上的调薪与晋升而做的评估，且易出现因主管私人交情见面不接受评估结果
考核者的培训程度	无特别要求	要求完整的评分者培训
对使用者的帮忙	可以借反馈数据的整理，让评分者了解各个不同面向评估结果的差异，提升评分者的评估能力 受评者可以借以了解自评与他评的差异，促进行为改变的动机	只限于行政方面的功能，如升迁、加薪与奖励，无法提供个人职业生涯发展中的指导

4. 应用360度考核方法的忠告

美国威斯康星大学管理学教授戴维·安东里尼（David Antonioni）对360度绩效考核方法的报告，指出下列几项应用360度考核方法的忠告：

· 考核者希望他们的意见只是用作被考核者改进的响应，而不希望用来决定被考核者加薪或晋升的依据。

· 被考核者认为，用评论式的评估比计分式（以10分为满分，5分为中等）或分等式（极优、优、中、劣、极劣）更为有用。

· 经理人希望考核者具名，但考核者希望不具名。

· 如考核者要具名，下级对上级的评估则常发生故意给高分的状况。

· 在经理人收到的响应数据中，25%属并不意外的肯定，30%属意料之外的肯定，20%~30%属可预见的否定，15%~20%属意料外的否定回应。

· 有19%的经理人意外发现，他们的评比比自己想象的要低。

· 统计显示，只有大约50%的经理人会将下级评估上级的结果与人分享。被考核者如果对此制度不信任，和考核者的沟通一定会出现鸿沟。

· 被考核者对考核者的响应往往当耳边风。

· 被考核者往往要自己去发掘改进之道。

· 有72%的被考核者认为，他们的上司不重视评估响应的结果。

· 有87%的被考核者认为，考核者忽略了他们的努力。

◇ 批评中折射的 X、Y、Z 理念

有考核就要有反馈，有反馈就难免有批评。批评太狠，会伤害员工敏感的"神经"，从而引发令人失望的后果；批评太轻，又无法达到预期的效果。

身处不同的情形，应采取不同的批评风格。不同的批评风格，折射出的是不同的管理理念。

1.X式批评：当头棒喝

在等级分明的老式机构内，很多员工看到高层管理人员时会害怕得浑身"发抖"。人们极力掩盖错误，因此减少或延误了弥补、更正的机会。

我们可以设想这样一种情况或者场景：

老板对秘书大喊道："告诉那个笨蛋张三，拿着他的……到这儿来！"张三浑身哆嗦地走了进来："是，是的，刘总。"

老板没有调查事情的起因，便问道："你知道自己都做了些什么吗？你简直太粗心大意了！我告诉你，你不会有任何奖金，现在滚出我的办公室！"

张三小声说："对，对不起。"他也许会补充道："李四交给我的那部分本身就有问题。"张三一边退出老板的办公室一边压低嗓音咒骂着老板。张三可能会向同伴讲起自己是如何被老板羞辱。类似的场景经常在一些公司内发生。

这种批评甚至掺杂了人身攻击的成分。

这个场景反映的批评文化体现了管理学中的 X 理论。此理论认为人普遍具有惰性，缺乏动力，需要不断地监督与激励。

但是如果像对待动物一样对待人，诚如棉花种植园经济的繁荣依靠的是奴隶的劳动一样，那么可怜的工人就不会有真正的动力。唯一能激励工人的就是他们对监工惩罚的恐惧。

这种批评属于 X 式批评。

乔布斯的批评风格近似于 X 式批评。

马基雅维利有一句名言："君主应当让人畏惧，这比让人爱戴重要得多。"

即使是苹果公司首席设计师艾维，在刚开始接触乔布斯的时候，兜里也经常会揣着一封辞职信。

除非你有乔布斯的本事，否则就不该有乔布斯的脾气。领导者批评的目的是更好地开展工作，因此，需要足够的智谋、耐心与沉着。

2. Y 式批评：对事不对人

所谓批评，是指在不伤害出错的相关人员的自尊与自信的前提下向他明确地表明意图，根据具体情况鼓励他改正。

每个人都会犯错。领导者如何处理失误，会对员工的情绪、效率及忠诚度产生极大的影响。

我们再来看一看另一种 Y 式批评。

老板对秘书说："你能不能把张三叫过来？"

张三走了进来："早上好，刘总。"

老板没有笑，但是他尽量避免皱眉头。他会回应张三的问候，有可能会这样说："张三，正如你所了解的，我们做的产品灵敏度非常高，我们要求每一个人都应有杰出的表现。事实上，我对你的经验与管理能力期望很高，相信你能维护我们严格的标准。但是，我听说生产上出了问题。因为你负责生产部，所以请你简略地和我讲一下到底是怎么回事。"

张三回答道："正像您刚才所说，这个问题确实很严重。我来之前已经快速分析了一下问题的起因，好像是我领导的部门得到的那部分零件本来就有问题。我对此事负有不可推卸的责任，因为我没能向员工充分解释零部件的灵敏度，而且我们没有检查各零部件的规格便将新机器迅速组装了起来。"

老板说："请你一定要确保这种事情下次不能再发生了。这种需要付出昂贵代价的错误会让我们大家看上去都很难堪。我会同供应商谈，强调一下他们所提供的产品必须百分之百地符合我们的规格。我也会请人帮忙对质量管理部门的员工进行培训。"

老板以肯定的口吻结束了谈话："张三，我相信你的能力。"或者"张三，我知道你不会辜负我对你的期望，你一定能尽快将问题处理好。"在某些文化背景下，老板也可能在说这些话时拍拍张三的肩膀。如果条件许可，老板也许会补充说："……张三，假如你和你的部门一直能生产出符合质量要求的产品，下次我们再谈的就是奖金而不是问题了！"

张三心情舒畅地离开了老板的办公室。他将集中精力改进产品的质量而不是对老板怀恨在心。

在X式批评场景中，老板认为他会借侮辱下属证明甚至扩大自己的权势或权力。这种老板总认为自己太忙，没有时间询问问题产生的原因。下属则认为老板不喜欢他，于是讨厌老板。在这种情形下，糟糕的精神状态及连带状况便明显地显现出来。

在Y式批评场景中，老板的风格表明员工受到了重视与尊重。老板履行职责时凭借：强调工作的重要性或灵敏性；强调高质量工作的必要性；表明自己对下属的信任；询问事情的起因，而不是冲动地发一通脾气；给下属一个解释的机会，提出改进措施；通过得到更好的零部件为下属提供支持；提供质量管理培训及提出对业绩的奖励。

这种情况大体上属于管理学中的Y理论。Y理论认为，人们喜欢让身体与大脑运转起来，喜欢以某种方式进行创造。主要影响人们工作态度的因素是工作环境与待遇。

3.Z式批评：家长的责骂

管理学中还有所谓的Z理论，也就是日本式管理。

日本式管理的一个特点是长期雇用员工。企业要长期雇用员工，使工人增加安全感和责任心，与企业共荣辱、同命运。其实这样的企业，更像是对家庭的模拟。

如果一个企业能给员工充分的安全感，优厚的待遇，企业领导者就是员工精神上的父亲。

在东亚地区，父亲骂儿子天经地义。

任正非曾表示，我骂谁是对谁爱，不爱他骂他干啥，×××挨我骂后，你看他（工作）多疯狂。

据说任正非骂公司高层干部，丝毫不给面子。他曾经骂过某位副总裁，并直接把他的报告摔到地上。

这位副总裁曾劝他控制自己的脾气，以防血压上升。任正非说，我发脾气时血压从不上升。看来他批评人时大发脾气是为了增强效果。

当然，如果你的企业没有使命感，开出的薪酬没有竞争力，对方又不是你的心腹嫡系，在批评中还是多使用"肥皂水"为好。

理发师在给顾客刮胡子的时候，都要事先在顾客的脸上涂上肥皂水，这样，刮起来的时候顾客才不会觉得疼痛。

绩效反馈面谈应遵循以下原则：

· 部门主管和员工应该就员工工作表现的看法达成一致。

· 部门主管指出员工的优缺点，并和员工探讨。

· 双方就某项缺点的改进计划，达成共识。

· 双方针对下一步工作展开讨论，主管对员工提出明确要求。

◇ 案例：东北亚某财团的绩效评估管理

东北亚某财团在世界66个国家拥有233000名员工和340多个办事机构，是世界上著名的跨国集团，其业务范围包括电子、机械、航空、通信、商业、化学、金融和汽车等多个领域。该公司在中国各地投资兴建了几十家生产和销售公司，但是各公司内部管理制度建设还不完善，在绩效考核中采用设计和实施相对比较简单的强制分步考核方法对员工进行绩效考核，而考核结果对员工的奖金分配和日后的晋升都有重要影响。

该公司最高管理层很快在公司考核制度运行中发现强制分布考核方法存在许多问题。为了确定问题的具体表现及其产生的原因，他们聘请一家管理咨询公司对企业员工绩效考核系统进行诊断和改进。

管理咨询公司的调查人员在实验调查中发现，该企业在大中华区的各个生产分公司原来的绩效考核制度中，员工们认为在绩效评估过程中存在轮流坐庄的现象。上级考核下级的方式使考核结果受员工与负责评估工作的主管的人际关系的影响，这使得评估过程与工作绩效之间的联系不够紧密，因此对员工来说，绩效评估虽然有一定的激励作用，但是作用不大。

而且评估对象强调员工个人，而不考虑各部门之间绩效的差别，对各部门采用同样的划分标准，不能客观地评定员工的工作能力。员工还指出，负责评估工作的主管认为员工的绩效评估是一个非常重要的问题，这不仅是因为评估的结果将影响自己的奖金数额，更重要的是员工需要得到一个对自己工作成绩客观公正的评估。

第 3 章
薪酬的差距与依据

　　对员工的管理，我们最常听到的一句话就是"我对他们都是一视同仁"。这句话听起来似乎颇为公平、公正，实际上，这句话既不公平，也不公正。因为一个企业少则拥有几名员工，多则拥有上万名员工，他们彼此之间并非"一个模子"里制造出来的，因而有许多差异。

　　就有形的方面来说，他们性别不同、身高不同、体重不同、持重能力不同、肤色不同、讲话速度与腔调不同等；就无形的差异来说，家庭与教养、成长过程、价值取向、教育程度、反应速度、个性敏感度、事物认知，甚至行为导向等均不一样，我们如何以"一视同仁"的态度来领导与管理他们？

● ● ●

◇ 应该对所有员工"一视同仁"吗

任何企业内均应对个别员工的薪酬实行差异化管理，即要因个别的差异，采用不同的薪酬激励方案。

例如，不同性别或不同教育程度的员工，当同样的绩效或同样的过失发生后，我们应该用同样的方式奖惩吗？答案是否定的。因为女性的泪水、女性对责难的承受度通常都与男性有别；教育程度较高的员工在沟通方式及技巧上与教育程度较低的员工也不一样。

再如，一个体质强壮的员工与一个体质较弱的员工，我们可以要求他们做同样需要体力工作的量化成果吗？答案当然是否定的。因此，无论做任何事情，都需要具体问题具体分析，绝对的平均是不存在的，"一视同仁"也是在不同人物、不同情况下的相对平等，这样才是解决问题的真正办法。

管理学中著名的80/20法则，又称帕累托法则、最省力法则或不平衡原则。

早在19世纪末，经济学家帕累托在研究英国人的收入分配问题时发现，大部分财富流向小部分人一边，还发现某一部分人口占总人口的比例，与这一部分人所拥有财富的份额具有比较确定的、不平衡的数量关系。而且，进一步研究证实，这种不平衡模式会重复出现，具有可预测性。经济学家把这一发现称为"帕累托收入分配定律"，认为是"帕累托最引人注目的贡献之一"。

管理学大师德鲁克在其著作中也提到这种现象：在一个产品系

列中，只有其中的一两个品种是企业利润的真正源泉，而大部分其他产品仅仅是收支平衡，甚至有些产品是入不敷出。

在成千上万客户中，少数几个大客户的订单往往占了全部订单的大部分；所有新开拓业务中的大部分往往由数百名销售人员中的几个人发展起来的。

科研也是如此，实验室的发明成果往往就是那么几个人创造研发出来的。在因和果、努力和收获之间，普遍存在一种不平衡关系。典型的情况是：80%的收获来自20%的努力，其他80%的力气只带来20%的结果。

当然，它们之间精确的关系可能不是80/20，80/20只是其基点，方便比喻，也有利于假设。80加上20等于100，这样的数字不但直观，而且易于记忆。比如，德鲁克在其著作中对这一现象的提法是90/10，总之，这些数字都呈现出一种不平衡。

即使是真正代表其关系的数字也可能存在细微偏差，然而，通过统计分析得出，在大多数情况下，投入与产出之间绝非我们想象的50/50，多半还是趋向于80/20。

80/20法则首先意味着20%的事件产生出80%的结果，同时80%的成本是由剩余20%的不产生成果的事件消耗的。这是成本与成果的不协调关系。

大部分企业是以事件为基础配置资源的，比如在一个产品系列中，企业将按照各个产品对资源的要求对资源进行配置，而不管各个产品最终的成果如何。

如果成本与成果之间存在正比例关系的话，这种配置方式没有任何问题。但现实情况是成本与成果之间并不是协调统一的，结果就造成大部分资源配置到了只产生很少成果的产品中去，这其实也是一种资源浪费，而且这种资源浪费对企业最终效果的影响是非常大的。

德鲁克以一家大型工程公司为例详细地对这一问题进行了阐述："一家大型工程公司以其技术服务小组的高质量和名气引以为豪，这个小组拥有数百名待遇不菲的人员。这些人确实是一流的。但对他们的配置分析表明，尽管他们工作卖力，但贡献却不大。他们大部分的时间都致力于解决一些有趣的问题上，特别是那些非常小的客户问题，实质上，即便这些问题得到了很好的解决，也不会给公司带来多大的效益。"

同样，在许多小公司，销售人员的配置也存在很大问题，很多公司都将大部分销售人员或者销售人员中最有才能的人员分配去推销产品，而这些产品要么已是明日黄花，要么因为它们已经在竞争中落败，而管理者出于虚荣心仍企图孤注一掷地使它们起死回生。对一些市场前景非常看好的产品进行推销的销售人员则只是整个销售队伍的一小部分。许多公司对研究部门、设计人员、市场研发，甚至广告宣传工作资源的分配方向都存在以上问题，这一问题的本质是企业资源配置方式的问题，企业现在是按照销售人员进行资源配置的，没有考虑业务量与成果之间的关系。

德鲁克多次提到资源集中原则，关于这个问题，德鲁克强调了

80/20法则，他认为管理者据此首先应该做的事情是设立几条管理的集中原则。

（1）要想取得经济效益，管理者的精力应当集中于尽可能少的产品类别上，要善于发现20%的核心产品，在那些能创造高利润的产品上下功夫。

（2）企业职员的精力应当集中于少数几项真正能带来商业效益的活动，而在其他方面的投入越少越好。

（3）在企业的成本控制工作中，有效的控制源自管理者将注意力集中于少数几个领域，它们在成本控制方面的改善可能对整个公司的业绩产生显著影响。简单来说，就是在这些领域中，效率方面的相对较小的改善将引起整体经济效益的大幅提高。

（4）在人力资源管理方面，要精挑细选，发现"关键少数"成员。所谓发现"关键少数"成员，实际上是指发现"关键的"人力资本。千锤百炼，打造核心成员团队。发现"关键少数"成员十分重要，但更重要的是把"关键少数"整合起来，从中选择核心成员，建立决策、管理、创新工作团队。

（5）人员配置，特别是高级人才的配置，必须向能够产生高额经济效益的业务方向倾斜。

（6）留住20%的关键顾客。如果企业80%的利润来自20%的顾客，就应尽力扩大对这20%顾客的影响力。有些营销新手做着努力就有回报的白日梦，把注意力平均分散于所有顾客，这是不明智的。最重要的是确保顾客中关键的20%，并把这20%顾客变成自己的常客。

其他如生产线、市场、营销渠道、最终用途等同样适用于这一原则。那么选择尽可能少的范围的标准是看是否能够带来最多的收益。企业管理中切忌把所有精力放在那些消耗企业主要成本，数量小、利润薄的事件上。

◇ 胜任力的立方根效应

管理学家彼得·德鲁克曾经多次引用他的朋友——一个研究主任说过的一段话："能胜任其职的研究人员数量的增长仅仅只有全部研究人员增长数的平方根，而能够持续保持优秀业绩的研究人员的人数的增加，仅能达到全部研究人员增长数的立方根。"

因此说，要将优秀的研究人员的数量从3个增加到10个，你不得不将研究人员队伍的总数从30个增加到100个。大多数有经验的人士都会同意这样的原则，任何群体的佼佼者——不管是娴熟的机械师、医生，还是大学的教授——其数量的增加速度不会在任何意义上接近于群体总数的增长。任何一个销售经理、工程经理、财务主管或大学的系主任都知道，他们必须录用和培训一大批"孩子"，才能得到一名"男子汉"。

德鲁克引用这段话的目的并不仅仅要阐述一个事实，更主要的是提出他的一个思想，即在资源配置中不仅要强调资源的数量，更要强调资源的质量。

比如，一个企业宣传其研发部门80%的人员都投入新产品的研发工作中，但这80%的研发人员并不是研发部门的关键人员，而仅仅是一些研究助理，关键的研发人员却陷入了对现有毫无前途产品的改造上。这种现象在很多企业都存在，所以不能仅仅通过资源的数量来看待资源配置问题。特别是对于知识资源而言，数量几乎是毫无意义的，反而是它们的质量更为重要。而对于流动资金和促销费用而言，用于何种用途的重要性，与它们的数量一样重要。所以，预算数字或人员配置表之类的定量和量度充其量不过反映了一种局部状况。我们还需要做深入分析，弄清所配置资源的质量水平以及它们被具体用在何处，但是这一问题很显然是企业家们没有关注，或者说是不够重视的。

另外，既然优质的资源（特别是优质的人力资源）永远是企业全部资源的一小部分，企业应对这一部分资源的配置给予特别关注，避免这一部分资源的误用给企业带来灾难性影响。

◇ 薪酬结构

薪酬结构是指组织中各种工作或岗位之间薪酬水平的比例关系，包括不同层次工作之间报酬差异的相对比值和不同层次工作之间报酬差异的绝对水平。

薪酬结构是依据公司的经营战略、经济能力、人力资源配置战略和市场薪酬水平等为公司内价值不同的岗位制订不同的薪酬水平和薪酬要素，并且提供确认员工个人贡献的办法。薪酬结构是一种劳动成本控制的方式，是员工起薪、晋升、调薪等的准则。

薪酬结构确定应注意两点，一是其制定过程要科学、合理；二是薪酬之间差异是否合理。其设计思路一般有两种，一种是趋于平等的薪酬结构，另一种是趋于等级化的薪酬结构。

薪酬结构的设计可以从职务分析入手，作为主线展开：

职务分析的主要目的在于收集资料，以了解工作内容、厘清工作内涵，改善组织效率及增进员工工作满足感，并可进一步依据工作分析资料编写工作说明书与工作规范，以记录工作执掌及其资格条件，并可提供岗位评估依据。

岗位评估是采用科学方法，对企业内各种工作用客观方式加以评定，以决定该职位对企业的相对价值。

在此基础上进行薪酬调查，以了解薪酬的市场行情，利于公司建立合理的薪酬水平。

◇ "因事用人"与"因人设事"

企业组织的一个基本原则，就是"因事用人"。是让人去适应工作，而不是让工作去迁就人。也就是说，先设立职务，然后针对这项职务选拔及培训人员。

为什么管理者很多，但真正能发挥他人才干者却不多？原因很简单。主要是因为管理者往往以为他们首要的任务不在于因人设事，而在于因事用人。所以，一般情况下是先设立某一个职位，再物色人选来匹配该职位。通常，这样的步骤会引人走入歧途。这是因为，物色的对象往往只是一位"最不至于出差错"的人选，也就是"仅合乎最低要求"的人选，其结果难免是平平庸庸的人选。

防止这一问题最常见的解决办法是"因人设事"。但是此法却比原有的错误还糟，仅是那些规模极小、事务极简单的组织例外。这是因为职位应该是客观的，职位应根据任务而定，而不应因人而定。

"因人设事"难以解决问题，这是因为组织中任何一个"职位"的变更都会造成连锁反应。组织中的职位都是互相关联的，牵一发而动全身。公司不能为了给某人安插某一个"职位"而使整个组织的每一个人都受到牵连。因人设事的结果势必造成员工都是"人不适职"的现象。

为什么我们坚持"因事用人"而不是"因人设事"，这里还有一个微妙的理由。因为只有这样，我们才能为组织选用所需的人才。也只有这样，我们才能容忍各种人的脾气和个性。只有容忍了这些差异，内部关系才能保持以"任务"为重心，而不是以"人"为重心。成就的高低应以贡献和绩效的客观标准来衡量。只有在"职位"的设计和划分不以"人"为参照时，这种衡量才有据可依。否则，我们只会注意"谁好谁坏",而忽略了"什么好什么坏";用人的时候,我们也只会问"我是否喜欢此人"或"此人是否能用",而不会问"此人在这一职位是否最能有所成就。"

因人设事的结果,一是会形成恩怨帮派。任何组织都承受不起恩怨帮派。人事的决策,必须保证公平和公正,否则就会挤走优秀员工,或破坏优秀员工的干劲。同时,组织也需要各方面的人才,否则就会缺乏改变的能力,也难于得到正确决策所需的不同意见。

上述内容可用来说明一件事。凡是能建立第一流经营体制的管理者,对他们最直接的同事及下属都不应太亲密。提拔人才时应以有能力的人为先,而不能凭一己好恶,所以应着眼于所用之人能有绩效,而不在于所用之人是否肯顺从己意。因此,为了确保选用适当的人才,他们与直接的同事及下属应保持适当距离。通用汽车公司的史洛安先生,是可望而不可即的人物。他充满热情,渴望有密切的人际关系,喜欢交朋友。但他知道,"公事以外"才是朋友。他知道不能受情感的影响:只有保持一份距离,他们才更能建立一个人人各有所长的团队。

当然,凡事不可一概而论,有时也确有因人设事的必要。还是以史洛安先生为例,他算得上是一位坚决认定不因人设事的人物,但早年筹设通用汽车公司的工程部门时,他的组织计划却是以那位发明家凯特林为中心。因此,凡事都要具体情况具体对待。

◇ 职务分析的方法

职务分析（job analysis）又称工作分析、岗位分析等，是指搜集和分析关于各种职务的工作内容和对人的各种要求，以及履行工作背景环境等讯息数据，并形成书面文件的一种方法。

其目的在于确定完成各项工作所需技能、责任和知识，它是提供组织规划与设计、人力资源管理的基础。

职务分析问卷（Position Analysis Questionnaire，PAQ）是一种标准化的职务分析问卷，可从多种元素加以分析，是以员工为导向，详细描述完成工作的相关行为。它是目前比较流行的人员导向职务分析系统，如表3-1所示。

表 3-1　职务分析的方法

Why	目的	为什么要做这项工作（包括工作的目标、要求、成果、责任等）
What	内容	该职务将完成什么样的活动、任务、责任
How	方法	该职务如何完成此项工作（需要什么知识、技能、装备等）
Who	人员	该职务员工需要什么样的教育、资质、条件、技能
When	时间	该职务将会在什么时候在岗、轮班
Where	地点	该职务的工作环境、危险程度等
Which	条件	该职务完成任务还需要哪些条件
For Whom	工作对象	该职务负责和服务的对象是谁

职务分析是人力资源管理活动的基础，也是公司内建立岗位评估的必要过程。

工作说明书与岗位设计、岗位规范是岗位评估确保组织内每一职位相对价值的基本依据，是建立薪酬制度的前置作业不可或缺的步骤。

1. 工作说明书

工作说明书（Statement of Work，SOW），是对项目所要提供的产品或服务的叙述性描述。

工作说明书作为组织重要的文件之一，是指用书面形式对组织内各类岗位（职位）的工作性质、工作任务、责任、权限、工作内容和方法、工作环境和条件，以及本职务任职人资格条件所作的统一要求（书面记录）。它说明任职者应做些什么、如何去做和在什么样的条件下履行其职责。一份名副其实的工作说明书必须包括该项工作区别于其他工作的信息，提供有关工作是什么、为什么做、怎样做以及在哪里做的清晰描述。

2. 岗位规范

岗位规范，是指企业根据劳动岗位的特点，对上岗人员的条件提出的综合要求。通常应确定完成一项特定工作所需的最低资格，而不是确定理想的资格。因此，岗位规范一方面在分析各职位工作内容与其他职位工作内容的对等关系，另一方面在规定担任这项职位所需的知识、技能与人格特质。英国任用部（The Department of Employment）出版的一本培训名词字汇，对岗位规范给出的定义是："一个岗位所牵涉到的体力及智力活动，以及必要时与岗位有关的社会及实体环境事务的详细说明。"岗位规范通常是以行为方式来表达，例如，工作人员所做的工作，从事该项工作时所使用的知识、所做的判断，以及做判断时所考虑的因素。

◇ 岗位评估

岗位评估（job evaluation）又称职位评估、工作价值评估、职务评价，顾名思义，是在以有系统且用客观的方法来决定职位彼此之间的"相对关系"。

在一家互联网公司中，岗位名称很多，人们常常需要确定一个岗位的价值，比如一名技术人员与一名设计人员相比，究竟谁对企业的价值更大，谁应该获得更好的报酬。为了协调各类岗位之间的关系，进行科学规范的管理，就必须进行岗位评价，使岗位级别明确。

在19世纪末，弗雷德里克·泰罗倡导"科学管理"时就已经采用岗位评估。

岗位评估是将各职位的相对价值与贡献度加以区分，并通过等级划分的方式，定义出每个等级企业愿意付给员工的薪酬范围。

在岗位评估过程中，可能需要将某个职位与其他职位进行比照，或者将某个职位同预先确定的标准进行比对，这是薪酬制度设计的关键步骤。

1. 岗位评估是评定职位级别的唯一依据

职位级别常常被企业作为划分工资级别、福利标准、出差待遇、行政权限等的依据，甚至被作为内部股权分配的依据，而职位评估则是确定职位等级的最佳手段。

有的企业仅仅依靠职位头衔称谓来划分职位等级，而不是依据岗位评估，这样有失准确和公平。

例如，在一家IT公司内部，尽管产品经理和销售经理的职衔都是经理，但他们在企业内的价值并不相同，所以职衔和职级是两码事。以腾讯为例，其职级体系分6级，最低1级，最高6级。同时按照岗位又划分为四大通道，内部也叫作"族"，比如：

产品/项目通道，简称P族

技术通道，简称T族

市场通道，简称M族

职能通道，简称S族

以T族为例，分别为：

T1：助理工程师（一般为校招新人）

T2：工程师

T3：高级工程师 3-1相当于阿里的P6+到P7（能力强可能到P7）

T4：专家工程师

T5：科学家

T6：首席科学家

2. 岗位评估是薪酬待遇的参照

在薪酬结构中，很多公司都有岗位工资这个项目。通过岗位评估得出职位等级，便于确定岗位工资的差异。

国际化的岗位评估体系，如海氏系统法、CRG评估体系等，由于采用的是统一的岗位评估标准，使不同公司之间、不同职位之间在职位等级确定方面具有可比性，在薪酬调查时也使用统一标准的职位等级，为薪酬数据的分析比较提供了方便。

3. 岗位评估是实现内部公平性的基础

岗位评估是职级的依据，而职级是员工晋升、发展的路径。

员工在企业内部跨部门流动或晋升时，也需要参考各职位等级。透明化的职位评估标准，便于员工理解企业的价值标准是什么，员工该怎样努力才能获得更高的职位。这是实现企业内部公平性的基础。强调薪酬激励的内部公平其实就是坚持按劳分配原则。这一原则的贯彻，主要是通过岗位评估实现的。员工的工资差异要根据劳动的复杂程度、技能水平、责任大小、贡献多少而定，通过这种差异体现多劳多得的原则。

◇ 薪酬调查与市场定价法

薪酬调查（pay survey），是指搜集其他企业对从事类似于本企业职务的员工所支付的报酬水平。

如果说岗位评估解决的是薪酬体系的内部公平性问题，它使员工相信，每个职位的等级反映了其对公司的贡献。那么薪酬调查解决的就是薪酬的外部公平性问题，即相对于其他公司的相似岗位，公司的薪酬是否具有外部竞争力。

扪心自问，你开给雇员的报酬与同行相比是高了还是低了？你应该给你培养的精英同等节奏涨薪。

你培养了他，不代表他就欠你半辈子。很大程度上，是他对自己身价的评估以及薪酬的市场行情而不是你最终决定了他的去留。

实际上，是他的进步先出现而你的涨薪才跟进的，其实你已经赚了。

还有一些公司极力通过"金手铐"——期权或者其他"一揽子"方法——来锁定关键员工。

对于雇员，你真的用心培养并辅以与能力匹配的薪酬，又何惧他离开？即使离开，在合适的时候也会回来的。

外部公平性是指企业的薪酬水平与劳动力市场中的薪酬水平相当，即同一行业或同一地区或同等规模的不同组织中类似工作与职务的薪酬应当基本持平，因为它们对员工的知识、技能与经验的要求相似，各自的贡献也基本相似。外部公平性是企业在人才市场加强竞争力需要的条件。为了达到外部公平，管理者往往要进行各种形式的薪酬调查。

薪酬调查，就是通过一系列标准、规范和专业的方法，对市场上各职位进行分类、汇总和统计分析，形成能够客观反映市场薪酬现状的调查报告，为企业提供薪酬设计方面的决策依据及参考。调查内容主要包括：

· 了解企业所在同行业的工资水平，是薪酬调查的一项重要内容。

· 了解本地区的工资水平，不同地区因为生活费用水平、生产发展水平不同，工资水平可能差别较大。

· 调查工资结构。

· 帮助查找企业内部工资不合理的岗位。

· 了解工资动态与发展潮流。

这其实是一种市场定价法（market pricing method），也就是在进行岗位评估比较的组织中，依竞争性薪酬水平决定类似工作的金钱价值，此种岗位评估方法即所谓的"市场行情"。

◇ 人才配置

你有两名主管。一名具有一流的管理才干，另一名属平庸之辈。现在有两个部门职位空缺：一个高效率，另一个在挣扎。两个部门均有潜力可挖。你会分派哪名优秀主管？为什么？

优秀老板会分派最具才干的主管到高效率部门去。问题中的关键语是"两个部门均有潜力可挖"。他们深知，唯有让优秀主管去管理优秀部门，才可能帮助该部门充分发挥潜力。对于有才干的主管来说，帮助优秀部门更上一层楼，其难度丝毫不亚于帮助挣扎的部门摆脱困境。不仅如此，前者更有乐趣，更能出成果。优秀老板声称，将有才干的主管分派去管理高效率部门后，他们将撤换平庸的主管，然后挑选一名转亏为盈的高手去整治后进部门。

对选择相反方案的人，优秀老板警告说：平庸主管绝无可能领导优秀部门充分发挥潜能；而落后部门将拖垮你的优秀主管。在这种情况下，你虽用心良苦，但最后结果却是不仅搞垮了两名优秀主管，而且产值减半。

那么人员配置的步骤应是怎样的呢？

1. 仔细推敲任命

职位说明书也许会延续很长一段时间。例如，在一家大制造公司里，分公司总经理一职的职位说明书，自多年前公司开始实施分权管理以来就没有变动。

阿尔弗雷德·斯隆为了一个很低职位的任命——一个很小的附属部门的营销主管——要在三个素质相当的候选人之间作出选择，而在选择之前则要花很长时间来考虑该项任命。

当面临一项挑选一个新的地区营销主管的任务时，负责此项工作的领导人，应首先弄清楚这项任命的核心：要录用并培训新的营销人员，是因为现在的营销人员都已接近退休年龄，还是因为公司虽在老行业干得不错，但一直还没有渗透到正在发展的新市场，因而打算开辟新的市场？或是因为，大量的销售收入都来自多年如常的老产品，而现在要为公司的新产品打开一个市场？不同的任命目标需要选拔不同类型的人。

2. 着眼于一定数目的潜在的合格人才

这里的关键是"一定数目"。正式的合格者是考虑对象中的极少数，如果没有一定数目的考虑对象，那候选人就自动不合格。要做出有效的决策，领导人就必须着眼于三五名合格的候选人。

3. 认真考虑如何看待这些候选人

如果一个领导人已经研究过任命，他就明白一个新的人员最需要集中精力做什么。核心的问题不是"各个候选人能干什么，不能干什么"，而应是"每个人拥有的长处是什么，这些长处是否适合这项任命"。短处是一种局限，它当然可以将候选人排除出去。例如，某人干技术工作可能是一把好手，但任命所需的首先是候选人必须具有组建团队的能力，而这种能力正是他所缺乏的，那么他就不是合适的人选。

但领导人不能以寻找候选人的短处为出发点。你不可能将绩效建立于候选人的短处之上，而只能建立于候选人的长处之上。马歇尔与斯隆虽然都求贤若渴，但他们却知道，他们所需要的是胜任的能力。如果有了这种能力，组织总能够为他们提供其余的东西；若没有这种能力，组织即使提供其余的东西也毫无作用。

4. 与跟候选人一起工作过的人讨论每一位候选人

一位领导人的独自判断是毫无价值的。因为我们每个人都会有第一印象，有偏见，有亲疏好恶，我们需要倾听别人的看法。在军队中挑选将领，或天主教堂中挑选主教时，这种广泛的讨论都是选拔程序中一个正式的步骤。能干的领导人则非正式地从事这项工作。

德意志银行前总裁赫尔曼·阿贝斯挑选的成功的骨干人员，比其他人挑选的都多。绝大多数高层经理都是由他亲自挑选的。正是他们创造了战后德国的"经理奇迹"。他总是首先与三四名他们的前上司或同事一起来检验、考察他们。

5. 确保被任命的人了解职位

任命人在新的职位上工作了三四个月后，应将精力集中到职位的更高要求上。领导人有责任把他找来，对他说："你当地区营销主管（或其他职务）已有3个月了。为了使自己在新的职位上取得成功，你必须做些什么呢？好好考虑一下吧，一个星期或10天后再来见我，并将你的计划、打算以书面形式交给我。"并指出他可能做错了什么。

如果你没有做这一步，就不要埋怨你任命的人成绩不佳。应该责怪你自己，因为你没有尽到一个领导人应尽的责任。

人员晋升方面一个最大的错误来源是没有考虑清楚工作职位的要求，你也没有帮助上任者仔细考虑。著名管理学家杜拉克以他曾经的一位颇有才华的学生为例。这个学生被一家公司晋升为工程经理，一年中他自以为干得极为出色，但公司最终却认为他并不胜任。

大多数人并不能自发地明确地知道，一个新的不同的职位同时也需要新的不同的行为。年轻时的杜拉克晋升到一个更重要的职位上，4个月后，他的上司指责了他。在他召见杜拉克之前，杜拉克一直像以前那样地干着。值得称道的是，上司觉得他有责任让杜拉克知道：一个新的职位，意味着不同的行为，不同的焦点，不同的关系。

按照上述五个步骤来配置你的员工，相信一定会使公司获益不少。

领导者在安排职工工作时，一方面要保持相对稳定，尤其是生产工人和业务、技术人员。这是因为，一个人在一个岗位上相对稳定有利于他积累经验、提高技术水平、提高操作熟练程度、提高劳动效率。同时由于其经验的积累和对技术的运用，工具操作的熟练性，其劳动强度会相应减少。另一方面，由于企业中各个部分对人才能质、能级的要求在不断提高，同时，人才自身的各方面状况也在不断变化之中，所以又要求领导者不断调整有关人员的工作。从岗位要求来说，岗位的能质、能级要求不断提高，要求调整和补充相对应的能质、能级的人员，而淘汰不适应人员。从人员角度来说，每个人的能质、能级都在变化中。或者能质发生变化，需要换另一种工作才能充分发挥其潜力；或者能级提高，大幅超过原来岗位的能级，需要调到较高能级的岗位上才能充分发挥其积极性。

因此，领导者选用员工时，首先要保持能质、能级的相对稳定，而保持稳定的前提就是要任人得当，真正做到量才用人。人才岗位变动过于频繁，一方面不利于人才本身水平的提高和情绪的安定，另一方面不利于生产的发展和效益的提高。这就要求员工树立干一行爱一行，爱一行专一行，穷毕生精力而精一业的思想。切忌做见异思迁，朝三暮四，这山望着那山高，样样通、样样不精的人。在保持人才能质、能级相对稳定的大原则下，要根据人才能质、能级的发展变化，把那些能质、能级相差悬殊的人，及时调整到新的岗位上。

◇ 核心员工的界定

"核心员工"是一个人力资源概念，很多公司的老板和人力资源总监都认同这一概念，认为核心员工很重要。然而，究竟什么是核心员工，每个人的理解不同。有的人认为，公司的高层管理人员和技术人员才是核心员工。但不知为何，虽然明知应当重视这些员工，但管理上仍然有不少问题。还有些观点认为，只有创造价值的人才是核心员工。但在不同阶段，价值很难衡量。例如，技术人员开发了产品，但在未产生效益时，很难像销售精英一样受到重视与奖励，结果大家都觉得不公平。

究竟什么是核心员工？是不是高层主管和技术人才就是"核心员工"？

核心员工是指与创造绩效及对公司发展最有影响作用并在某方面"不可代替"的员工。

这一概念包含两个层次：第一个层次是"与创造绩效及对公司发展最有影响作用"，这是"核心员工"的内容。

比如，朗讯公司是按员工的业绩来提供报酬的，全公司每年都要进行非常周密的绩效考核。它的考核首先通过一个3×3的九宫格矩阵给员工打分，然后告诉每位员工各自的绩效情况，最后由业务部门决定每个员工的薪酬增长情况，业务部门要真正知道他们的核心员工是谁。

但从广义角度来讲，一个组织系统的成员都是对绩效有贡献的，而对公司发展是否"最有贡献"会因判断标准和时间的不同而不同，那么，甄别"核心员工"的第二个层次就是不可替代性。

某一角色是别人不能代替的或短期难以代替的，即使他表面上看似乎不是十分重要，或对绩效没有直接贡献，但一旦他缺位，就可能造成连锁甚至是重大的损失（显性的或隐性的，直接的或间接的），这种员工就是不可代替的员工。

《人力资源会计》中，也有学者从"价值会计"的模式中提出"稀缺人力资源价值"的概念。例如，赫奇曼和琼斯的"内部竞价模式"提出：只有稀缺的人力资源才有价值。

"稀缺人力资源价值"与职位的高低没有必然关系，因此，不能认为只有CEO、CFO、COO等角色才是核心员工。例如，打字员A，随时有很多人会替代她，那么A就不是核心员工。但是如果A在所负责的工作领域中做得十分出色，在外部或内部以同等标准来衡量她的作用，别人是难以代替她的，那么她就是公司的核心员工。

表面来看，上述观点令人难以信服，打字员怎么会是核心员工呢？但事实上，太多的公司发生过这样的事情，突然之间出现了很多小问题，而这些小问题很快令公司各个环节产生管理混乱，结果导致不少损失。究其原因，是一个"不起眼"的小职员离开引起的。

这样的例子不胜枚举，如UPS（联合包裹运送公司），他们认为核心员工是司机，因为司机是公司业务运转的枢纽。UPS认为司机具有在速递业务中所需要的重要技能，他们了解路线的特征，他们也主导着与客户的关系。UPS为留住核心员工设计了很多方案，例如，为了减轻司机的工作压力，将装载和卸货的任务交给实习生或者兼职人员去做。

由此可见，核心员工并非只是那些管理人员，任何人都有可能成为核心员工。企业依此标准明确了谁是核心员工后，就应该制定相应的方案和战略来留住他们。

比如，企业可以试问自己：这类员工的需求是什么？如果他们想要离开公司，会是什么原因导致的？他们对自己的职业规划是怎样的？明确了这些问题，企业才能"知己知彼"，留住关键的核心员工，就意味着留住了企业的利润和价值。

第 4 章
"知识工人"与 OKR 管理

　　传统管理学诞生于20世纪的工业时代，管理人员的职责是制订计划和监督员工，执行计划是他们的主要责任，命令和控制是管理过程中的主要行为模式。

　　1959年，管理学家德鲁克在《明天的里程碑》中提出"知识工人"的概念，也就是日益增多的"知识型员工"。

　　如今，我们已经迈入信息时代。小米科技CEO雷军在某次采访中提到，KPI只是传统工业时代在管理上的创新和成就。信息时代也被称为"VUCA"时代，它是Volatility易变性、Uncertainty不确定性、Complexity复杂性和Ambiguity模糊性的首字母缩写。

　　一些企业的管理理念和管理工具并没有与时俱进。"泰罗制"的幽灵仍在游荡。某些管理理念不过是一种"后泰罗制"。

当雇员因经济压力而不得不拼命干活时，他会自觉沦为财务的"奴隶"。奴隶是没资格问询工作的意义的。

"低信任体制"下，所谓的"科学管理"不过是"科学监视"罢了。

很多公司会使用打卡机或一些监控地理位置的 App 来防止员工偷懒，一些白领反映，这"仿佛退回了奴隶制"。

然而，只要稍微需要一点创造性的工种继续沿用泰罗的"科学管理"理念，最后都会弊病丛生。

凯文·凯利在《失控》一书中写道："钟表般的精确逻辑——即机械的逻辑——只能用来建造简单的装置。真正复杂的系统，比如细胞、草原、经济体或者大脑（不管是自然的还是人工的）都需要一种地道的、非技术的逻辑。"

现在流行一个概念叫"匠人精神"，这是自然存在的一种精神。匠人精神的关键在于"人"，只有人才会追寻意义，才会追求成就，精益求精。如果不把人视为人，又何谈"匠人"？更不要说"匠人精神"了。

德鲁克认为，"知识工人"首先关心的是这件事情有没有意义，值不值得做。一旦他们认为这件事情不值得做，便只想尽快敷衍了事，交差完事儿。正如心理学家马斯洛所说，"不值得做的事情就不值得做好"。

◇ 如何考核需要创造力的员工

有创造力的员工需要特殊的管理方式。扼杀创造力的最好方法就是操控那些从事创造性工作（例如，广告、故事／剧本创作、研究、产品开发等工作）的员工。当一个人不为办公室的日常工作或压力所烦扰时，他的创造力会流动得更顺畅。对有创造力的员工来说，办公室只不过是他整理与实践那些想法的地方。

有创造力的员工尤其不应该受到严格办公时间的束缚，因为他们的大脑往往在正规办公室以外的地方"运转"得更好。比如 LG 集团设有拆分室（实验室）工作的技能开发行动小组（跨职能部门人员共同完成某项任务的小组）。这种致力于突破性企划的团队没有固定的工作时间，健身房与休息室就在拆分室隔壁。当处于兴奋状态时，员工能够工作到深夜，第二天尽情休息以恢复精力。

一般情况下，富有创造力员工的办公室布置也不同于普通办公室。人们已经证实了办公室的陈设、色彩的搭配、音乐与总体氛围在激发创造力方面发挥着不可估量的作用。如果高层管理者能够为员工创造适当的环境，他看到的会是员工的忠心以及更多其他显著效果。员工高高兴兴地来上班，强烈地感受到自己是公司的成员之一，或者为自己与公司的联系而深感自豪。公司也会为员工的最佳表现创造环境。由于有了以个人奉献为基础的自然管理方式或者说非强制性管理方式，员工主动地将一切工作运转起来，这种行为可以称为自治。

那么，你希望成为什么样的管理者呢？当然，你可以自主选择是做员工的导师还是做折磨员工的人。

决定知识工作者绩效的因素有以下六个：

（1）任务是什么？

（2）知识工作者必须自己管理自己的生产力，同时要有自主性。

（3）让不断创新成为知识工作者的工作、任务和责任的一部分。

（4）持续不断地自我学习，以及持续不断地教导别人。

（5）不是量的问题，质首先最重要。

（6）知识工作者必须被视为资本而不是成本，必须使知识工作者在有其他机会时，仍然愿意为这个组织工作。

以上这些因素，除了最后一项外，都与怎样提高体力劳动者生产力的方法相反。

比如说，对于体力工作来说，质量当然也很重要，需要有最基本的质量标准，质量不佳是个缺点。应用统计理论的全面质量管理，就是为了减少（虽然不能完全避免）低于最低质量标准的产出。

但是，对于大多数脑力工作来说，质量不只是最基本的限制条件，更是产出的要点及精华所在。要评价一个老师的表现，我们不问他的班上有多少学生，而要问学生学会了多少东西，这就是一个质量问题；评估一个医学实验室的表现，做了多少次实验并不重要，重要的是这些实验的结果有多么准确、可靠；即使负责将档案分类归档的资料室人员也应当如此评估。

◇ 如何定义任务和质量

知识经济（knowledge-based economy）通俗地说就是"以知识为基础的经济"，从内涵来看，知识经济使经济增长直接依赖于知识和信息的生产、传播和使用，它以高技术产业为第一产业支柱、以智力资源为首要依托，是可持续发展的经济。

脑力工作的生产力，更注重获得最佳质量而不是起码的质量。只有在获得最佳质量时，我们问"这些工作的产量有多少？"才是有意义的。

这就说明，我们要从质量上而不是数量上来看待提高知识工作者生产力这件事，也就表示我们要学习怎样定义质量。

1.任务是什么

知识工作者生产力最重要的问题是："任务是什么？"这也是知识工作者生产力与体力劳动者生产力最不相同的问题。对体力劳动者来说，最主要的问题向来都是"这个工作应该怎样做？"在体力工作里，任务已经交代清楚了。研究体力劳动生产力的人不必问这个体力劳动者"应该做什么？"他们唯一的问题是，这个体力劳动者"把这件事做得最好的方法是什么？"在泰罗的科学管理中、在西尔斯以及福特汽车公司里，所问的都是这个问题。

但是对知识工作者来说，关键问题却是："应该做的任务是什么？"

原因之一就是：脑力工作和体力工作不同。脑力工作并不是教人怎样按部就班地操作。体力劳动需要做的事显而易见。汽车装配线上的工人，只要看到一具底盘和一个车轮同时抵达装配线，就知道要把轮子装上去。

但是在脑力工作里，进行一项工作时，并没有告诉员工工作的正确步骤。

例如：医院里发生紧急状况，一个病人突然昏迷，当然会指定一名护士去做当时应该做的事。但是除此之外，其他都由护士自己决定，是花时间填写文件，还是花时间照料病人；工程师通常要从任务中抽身，去撰写或重写一份报告，或去参加一个会议，等等；百货公司的销售人员需要服务顾客，并展示顾客喜欢的产品。但是销售人员常常花很多时间在文书工作、查询货品存量、查询交货时间等方面。这些事情使销售人员不能专注于服务顾客，对他的生产力也没有任何帮助。

针对脑力工作的第一个要求就是找出"任务是什么"，以使知识工作者能够专注于这个任务，并尽一切可能排除影响他执行这项任务的障碍。但是这需要知识工作者自己来界定，他的任务是什么，或应该是什么，只有知识工作者自己才能做这件事。

因此，在对知识工作者生产力的研究开始之前，要先问知识工作者本身："你的任务是什么？应该是什么？你觉得怎样才能有所贡献？在你执行任务时有什么阻碍应该被排除？"

几乎大部分知识工作者都思考过这个问题，并且心中有数，但是仍然需要时间和精力才能对他们的工作进行重新调整，这样他们才能真正充分发挥自己的长处。问这些问题并采取行动，通常可以提高2~3倍的生产力，而且往往有立竿见影之效。

在一家大型医院里询问护士"他们的任务是什么"时，答案很明显地分成两派，一群护士说是"照顾病人"，另一群护士说是"服务医生"。但是他们一致同意一件事——减少他们生产力的正是所谓的琐事：文书工作、插花、接患者家属的电话等。这些琐事，几乎全部都可以由薪水较低的非护理人员来处理。如果以花在患者身上的时间作为生产力来衡量的话，这些护士的生产力能立刻提高2倍，病人的满意度也会提高2倍。而一向惨不忍睹的护士流动率，在不过4个月的时间就消失了。

一旦任务定义好之后，接下来必须由知识工作者自己面对的是以下问题：

（1）知识工作者必须对自己的贡献负责。在质量、产量、时间和成本上，知识工作者决定他应该如何负责。知识工作者需要具有这种自主性，但也意味着责任随之而来。

（2）知识工作者的工作包括不断创新。

（3）持续地学习和教导，必须成为工作的一部分。

2.质量是什么

对某些脑力工作领域——特别是需要高度知识的领域，我们已经开始评估质量。比如外科医生的工作，就是会随时被评估的。他们和同事之间可随时进行评估。此外，一些难度大、高危险性手术的成功率也可作为标准。例如心脏手术患者的存活率、整形手术患者的完全复原率等。但是到目前为止，我们主要还是靠主观判断，还没有评估脑力工作领域的客观尺度。主要困难并不是评估质量，而是在定义"任务到底是什么"和"任务应该是什么"之间，很难取得一致的意见。

最好的例子是美国的学校。众所周知，美国贫民区的公立学校问题丛生。但是就在附近的私立教会学校，同样背景的孩子大都品行良好，成绩优良。这两种学校质量上巨大的差异，有数不尽的原因，但是其中最主要的原因，无疑是这两种学校所定义的任务不同。典型的公立学校把自己的任务定义为"帮助条件差的孩子"，而典型的教会学校把自己的任务定义为"帮助想要学习的孩子"。因此，一个是由学业的失败来主导，另一个却是由学业的成功来主导。

以两家大型制药公司的研发部门为例。因为它们定义的任务不同，从而产生完全不同的结果。其中一家只追求"不要失败"，因此持续不断地在现有产品、既有市场上，做有限且可预期的改进；另一家则追求"突破性的产品"，因此不断地挑战风险。不论从他们自己、他们的高层管理者，或是外界分析师哪个角度来看，这两家制药公司都相当成功。但是因为运作方式不同，所以生产力和研究人员也不相同。

要在脑力工作的领域里定义质量，并且把这个定义转变成知识工作者的生产力，总的来说就是要定义任务。在一个机构里，要定义"什么是结果"，通常会存在困难和冒险，常常会引发争议。因此，事实上，我们虽然知道应该怎样做，但是这个问题对于大多数组织以及大多数知识工作者来说，却是一项新的挑战。回答这个问题需要讨论，需要不同意见。

◇ 知识工作者是"资本"

从经济观点来看，体力劳动者和知识工作者之间存在着生产力的差别，经济理论和一般企业都把体力劳动者当作成本。然而，要发挥生产力，必须以"资本"来看待知识工作者。成本需要控制和降低，资本则需要发挥并增加。

在管理体力劳动者方面，我们早就知道，高流动率对公司的影响很大。1914年1月，福特公司一举把技术工人每天的工资由80美分调高到5美元，这就是最知名的例子。福特公司之所以这样做，是因为当时工人的流动率非常高，它每年需要聘用6万名工人才能留住1万人，因此劳动力成本非常高。福特公司虽不得已而出此"上策"，当时每个人（包括曾强力反对如此调薪的福特本人）都认为，高昂的薪资会大幅降低公司的利润，但出乎每个人意料的是，实施后的第一年，利润几乎翻倍。每天工资5美元，几乎没有工人离职。事实上，福特很快就拥有了一份候补求职者的名单。

只有在谈流动率、重新雇用、培训等成本时，劳动力才被视为一种资本。除了这种考虑之外，体力劳动者整体上仍然被当作一种成本负担，即使是在强调终生雇用、重视忠诚和永久性工作的日本也是如此。多年来，所有的工作多半是体力工作。管理阶层根据这样的经验，仍然假设除了少数具有高度技术的人员之外，一个劳动力与另一个劳动力并没有什么不同。

脑力工作的领域则截然不同。从事体力工作的员工没有生产工具。他们有许多可贵的经验，但是这些经验只有在他们工作的地方才有价值，他们是不能随意转移的。但是知识工作者却拥有生产工具——他们的头脑，这是很大的资本。因为知识工作者拥有他们自己的生产工具，他们可以来去自如。体力劳动者对工作的需要比工作对他们的需求大得多；组织对知识工作者的需要也许还没有知识工作者对组织的需求高，但是大多数已经是一种共生共存、互相需求的平等关系。

管理的工作，就是要保存机构里的资产。而知识工作者则是一家公司最主要的资产，需要管理者高度重视。

◇ 提升知识工作者绩效的方法

在经济发达国家和地区的劳动力中，机器操作工、泥瓦工和农民等体力劳动者所占的比重正持续大幅下降；会计、工程师、社会事业工作者、护士、计算机专家、教师和研究人员等"知识工作者"所占的比重上升最快，尤其是管理人员。今天，运用知识而不是靠体力赚钱的劳动者是劳动大军中数量最大的单一群体，他们的工资也最高。

同时，知识工作者时常牢骚满腹，表明他们对现状不满意。其实，他们目前收入可观，从事的工作有乐趣，而且远不像过去那样对健康有影响。可是，今天我们时有所闻的心理不平衡，却普遍存在于受过良好教育的、从事脑力工作的人群中。

我们不知道怎样才能衡量出知识工作者的生产率及其满意程度，但却清楚改进两者的必要性。虽然社会和经济发展对富有效率的知识工作者的需求和知识工作者对取得成就的需求各不相关，但是概括来说，通过如下方法管理知识工作者，则这两方面需求都能得到满足。

1. 提高知识工作者生产率的关键是强化责任心

对全体知识工作者来说，从初出茅庐者到公司行政主管，一年中至少应该问一次这样的问题："你的工作业绩与工资单上的收入相称吗？你认为本公司（医院、政府机关或大学）在贡献和成果方面应向你提出什么样的责任和要求？你清楚自己的目标和任务吗？你计划怎样实现它们？"

引导知识工作者多作富有成效的贡献而不只是多卖力气，这是知识工作者管理工作中的首要工作。这一工作往往被忽略了。工程设计部门经常在完成设计之后才发现，自己投入了全部时间和精力，得到的成果投放市场后却无立足之地。

2. 让知识工作者对所做出的绩效做自我评估

有人常说，研究工作看不见，摸不着，甚至连评估也无法进行，这显然不对。不论从事哪个领域的研究，研究人员一年中应该有一两次与同事和管理人员进行深入交谈，讨论如下两个问题："最近两三年中我们究竟为本公司作过哪些重要贡献？""未来两三年我们又将作出哪些新成绩？"

贡献大小有时确实难以估量，也许对怎样估量又确实存在意见分歧。例如，某项生化研究工作历时5年有了新的发现，再经过5年的艰苦工作才有可能开发出一种具有广谱疗效的新型合成药；另一部分人研制出糖衣阿司匹林药片，虽然科研价值不高，而且对提高该药物的疗效不起多大作用，但却因儿童爱吃而使公司的销售额和利润迅速增加，两者相比，究竟哪个贡献更大呢？

但如果不要求知识工作者思考这类问题，不要求他们回顾和评估自身的贡献，他们就不会把眼光放到贡献上，可能还会不满足、缺乏成就感，甚至心理不平衡。

3. 使知识工作者务其正业

这一点最重要，但正是这一点管理人员往往很少注意。如果不能发挥其专长，必然会极大地阻碍他们能动性的发挥。推销员虽然深谙"多销多得"之道，却往往陷入管理部门硬性规定的文件报表等工作，而缺少足够多的时间去完成销售任务；科研人员在实验室中如鱼得水，但这些科研能力强、薪资颇高的研究人员却不得不参加没完没了的会议而无法开展工作、取得成就。

主管人员也许明白这个道理，但是他们并不知道自己或公司的行为影响了知识工作者特长的发挥，甚至成了他们发挥特长的"绊脚石"。解决问题的办法就是询问每一个知识工作者（或其所属的班组）："我，这个经理以及整个公司的管理部门及其人员，做了哪些有助于你发挥专长的事？做了哪些妨碍你发挥专长的事？也就是说，我们是否给了你足够的时间、必需的信息、工具和其他条件来从事你的专业性工作？"只有不断反思、磨合，才会取得良好的效果。

4. 慎用独裁式管理

一家国际出版公司的部门主管刚上任不久，他了解到，他手底下有一百多个作家、编辑和画家。这些人都非常聪明、有创造性并且富有经验，但是他们都有自己的个性。他知道要想管理好这些人，他首先必须有耐性，还要讲究一定的管理艺术和战术——而后者不是自己擅长的方面。由于他刚刚被调入该公司领导阶层不久，所以他还不便于对公司事务说些什么。

几个月以后，他发现有一名编辑经常在一个重要的编辑方案上磨磨蹭蹭。于是，他提出在近期内要看到一些由这个编辑所编辑的文字。他厉声说："你必须按照我所说的去做，因为你是在为我工作！"

没有想到的是，这位编辑回答说："你太自以为是了。我根本就不是在为你工作，我是在为公司工作。你只不过是凑巧被公司安排过来，成了我的上司而已。"

这些话让这位主管有所反思。作为一名管理人员，你不可能让所有人都拥护你，总会有人喜欢你，有人讨厌你，不管他们到底出于什么原因。就这些人来说，如果他们不对你表示支持的话，就会对你表示反对。这位主管十分聪明，他最终设法让自己从这种对抗中走了出来。

他解释说："如果有人明确地告诉你说，他不是在为你工作，那么他就是在明确地告诉你，你在他心目中根本就没有任何位置，他这是在你和他之间画一条界限，因为他认为，和你在一起工作是很令人不愉快的。这根本就不是什么主观臆测的小摩擦，搞不好会演变成一场战争。"

很明显，那名编辑不满意主管的工作方式。

"这也不能说是什么坏事，"这位主管说，"也就是说，那名编辑在教我怎么用我的智慧或者别的什么东西来对付他。由于工作关系，我不可能不和他打交道，因为他是编辑，我总得要他做些什么。如果我直接对他提出要求的话，他总会找到借口来搪塞我；如果我以权力压他，那么他可以阳奉阴违，因为我在他那里并没有什么权威可言。我应该怎么办呢？后来，我终于想到了一个办法，从那时起，如果我有什么事情需要那名编辑来做的话，我不会直接向他提出来，也不会让别人告诉他我希望他做些什么。我会找一个关系跟他比较要好或者他比较敬重的人，由这个人来向他提出建议或者暗示他应该怎么做，让他认为，这都是这个中间人的主意。通过这种办法，我就可以毫不费力地达到我的目的。无论如何，我来这个部门是为了工作的，不是跟别人闹矛盾的。只要把工作做好，能否施展手中的权力是次要的。在别人心目中是否有权威，也是次要的，毕竟，你不可能让所有员工都喜欢你、拥护你，并且忠心耿耿地为你工作。"

5.给知识工作者最恰当的工作岗位

其中第一条要则就是要把机会提供给那些善于抓住机遇，并能迅速出成果的人。要想使知识工作者充分发挥其潜能，就必须抓好管理咨询公司和法律咨询公司所说的"合理使用人才"这一关键环节。正因为知识工作者的实绩不易评估，所以管理者必须对什么人最适合在什么岗位从事哪种工作做到心中有数。

对知识工作者进行有效管理，必须定期对主要工作岗位的人员和工作情况进行调查、分析，并作出必要的调整，要十分清楚："在现有的研究员、会计师、推销员、经理、工程设计师或经济分析家中，哪些人是真正能发挥其潜能的人才？现在这些人承担什么工作？他们是否都在真正有成就的岗位上工作？是否有用人不当的情况发生，使他们无论怎样努力也无法取得成绩？"

如果不这样做，势必会出现根据各部门所需员工数额凑齐人数就行的情况，而不是根据岗位的重要性和每个员工的专长来分配工作任务。这样，虽然每个员工都有了工作任务，但肯定会出现用非所长的情况，无论这些员工多么有能力，多么忠心不二，也很难作出成绩。

另外，在安排工作时必须坚持对知识工作者"量才为用"的原则。世上没有行行通的天才，日趋高度专业化的脑力工作也不例外。企业要熟知某位知识工作者能够做什么、特长是什么、把他安排在哪个岗位上才能使其发挥最大的作用、做出最大的成绩。

大多数企业和组织投入大量时间和资金招聘新员工，希望他们能成为知识工作者。然而，在开始阶段，对这些新员工除了了解其在校成绩外（其实这与将来工作成绩关系不大），其他方面的则无从得知，因此对知识工作者真正的管理工作要过一段时间才能开始。只有经过一个阶段的考察，管理者才能知道哪个员工在哪方面有专长，适合做哪方面工作。

从体力劳动方面来看，人多力量大。技能也可以进行细分。比如三个工人各掌握黏接桌腿技能的一个方面，他们三人合作比一位精通各门工匠手艺的工人单独干，会生产出更多的产品；然而在脑力工作中，就不是这样，三个臭皮匠就是顶不过一个诸葛亮，两个庸才的成果本就不如一个能手，要超过其一倍更是不可能。因此，企业在安排脑力工作时，首先必须考虑各人的能力，要把知识工作者安排在能出成果并作出贡献的岗位上。

知识也许是所有资源中最昂贵的一种。知识工作者的实际价值远比其工资所体现的价值大得多。他们每个人还代表着一笔相当可观的资本投资——工人在受训期间以及学徒期间更多的是学习，而不是作出贡献（正如每位总工程师所说的，刚刚毕业的大学生往往需要5年才可能有望胜任本职工作）。每一位年轻的工程师、会计师、市场调研员在开始作出贡献回报社会和雇主之前，必须预先接受一笔总量约10万美元、15万美元的"社会资本投资"。其他任何资源在"资本密集型"和"劳动密集型"方面都无法与这一资源相比，而且只有依靠管理，才能使知识工作者转变为一种生产型资源。

但是，如果知识工作者都不能得到放手发挥特长以取得成果的权利，那么他们的心理不平衡现象肯定是所有员工中最严重的，其后果也是不堪设想的。

由此可见，知识工作者是企业的重要资本，任何一位管理者都必须对之高度重视，只有正确管理这些知识工作者，使之发挥最大效用，才是用人的真谛。

◇ 目标与关键成果（OKR）考核法

1954年，德鲁克在《管理的实践》一书中首次提出目标管理（MBO）概念。德鲁克认为："所有企业的使命和任务，必须转化为目标。企业如果没有总目标及与总目标相一致的分目标来指导员工的生产和管理活动，那么企业越大，人员越多，发生内耗和浪费的可能性越大。"

20世纪70年代，作为德鲁克的忠诚信徒，英特尔总裁安迪·格鲁夫提出高输出管理（high output management）理念，发明并推行了 OKR，全称是 Objectives and Key Results，即目标与关键成果法；同一时期，甲骨文（Oracle）的创始人拉里·埃里森（Larry Ellison）提出了 MOKRs（Mission-Objectives and Key Results，使命、目标和关键结果）。

1999年，曾在英特尔任职的约翰·杜尔（John Doerr）已经变身成为知名风投机构KPCB的合伙人，同时也是Google的董事，他把这套流程介绍给了Google的拉里·佩奇（Larry Page）和谢尔盖·布林（Sergey Brin）。

谷歌内部率先引入了此管理系统后运行效果良好。OKR考核法在Google成功实施后，被其他知名IT公司借鉴，这些公司包括领英（Linkedln）、推特（Twitter）、甲骨文（Oracle）等。2015年后，百度、华为、字节跳动等企业都逐渐使用和推广OKR考核法。

OKR中的O代表Objectives，可以理解为企业目标，KR代表Key Results，是关键成果、关键结果的意思。它是一套定义和跟踪目标与关键成果，以及跟踪其完成情况的管理工具和方法。

OKR是一个简单有效的系统，能够将目标管理自上而下贯穿到基层。

"目标"分为组织目标、部门目标、团队目标和个人目标。下级在制定目标时应该参考组织和上级的目标使本级别的目标与上级及组织的目标保持一致。所有目标最终都服务于组织的愿景和战略。

1.OKR 与 KPI的区别

许多组织在引入OKR考核法后把OKR制订得像换了种格式的KPI，在认知层面上并没有发生变化。

KPI即关键绩效指标，是一种可量化的、被事先认可的、用来反映组织目标实现程度的重要指标体系，也是企业绩效管理过程中一个实用而且有效的工具，更是绩效管理实现过程中的重要内容。KPI的本质是一种绩效管理工具，它主要从结果来考察绩效，不关注过程，一切用指标来说话。

OKR是一套定义和跟踪目标及其完成情况的管理工具和方法。OKR的主要的目的是更有效率地完成目标任务，并且依据项目进展来考核。

OKR考核的是"我要做的事"，KPI考核的是"要我做的事"。理解不同，但二者都强调有目标，同时也需要有执行力。

OKR包含一个O（一个明确定义的目标）和3~5个KR（关键结果）。

员工、团队、公司可以在执行过程中更改KR，甚至鼓励这样的思考，以确保KR始终服务于O。

OKR与绩效考核分离，不直接与薪酬、晋升关联，强调KR的量化而非O的量化，并且 KR必须服从 O，可以将KR看作达成O的一系列手段。OKR的目标是定义如何通过具体和可衡量的行动来实现目标。关键结果的度量单位可以是0~100%，或任何数字单位（例如，美元金额、%、项目数等）。

OKR强调激发员工内在驱动力。不同于传统的绩效考核以"做什么"为中心，OKR的"目标"回答了高度抽象的"为什么"，即组织的经营活动最想获取何种价值，将"做什么"授权给各级部门自己制订并允许按需修改。

OKR是以激发员工内在驱动力为核心的考核方法。

2.OKR的实施流程

OKR 考核法的出发点是激发团队的工作热情、赋能团队。OKR

不仅是一种考核方法，还是一套目标管理系统，用来制定目标并跟踪其完成情况。OKR的实施流程如下：

（1）明确项目目标。

战略开始确定年度目标、季度目标。目标务必是具体的、可衡量的，例如，不能笼统地说"我想让公司盈利上升"，而是要提出诸如"让第二季度收入达到3000万元"之类的具体目标。

目标要有一定的挑战性，应当脱离"舒适区。一般来说，1为总分的评分，达到60%~70%是较好的，这样更能激发斗志。

目标必须在管理者与员工直接充分沟通后达成共识。

心理学家发现，当挑战稍微超出人的能力范围时，你不知道接下来会发生什么，所以就会更加专注。这种"未知"会让我们的大脑分泌多巴胺，让人兴奋和愉悦。

在阿里巴巴集团内部，有一个执行力法则，叫作"尊重你的目标"，目标是不可以随意定的，定低了太容易实现不行，定高了不容易达到更不行。

既然目标确定，就要像一颗钉子一样钉在墙上，必须完成。比如，上个月的上限应该是这个月的底线，上个月的最高指标应该是这个月的最低指标。

（2）确立关键性结果。

对KR进行可量化定义，并且明确达成目标的措施。KR必须具备以下特点：

· 必须是能直接实现目标的；

· 必须具有进取心、敢创新的，可以不是常规的；

· 必须是以产出或者结果为基础的、可衡量的，设定评分标准；

· 不能太多，一般每个目标的 KR 不超过 4 个；

· 必须是和时间相联系的。

（3）分解任务。

当有了关键成果（期望的结果）后，就要围绕这个具体的目标来分解任务，并交给不同的同事负责。

（4）定期回顾绩效。

到了季度末，员工需要给自己的 KRs 完成情况和完成质量打分，分数的范围在 0~1 分，而最理想的得分是在 0.6~0.7 分。

要把绩效与全公司同事共享。

第 5 章

非薪酬激励系统

　　一家企业的薪酬系统，如果仅有金钱的考量，那是不恰当的。因为仅有金钱激励制度，无法满足人的成就感与荣誉感。真正赋能员工在工作中"精进"的，往往是一些非薪酬激励手段，也就是非薪酬激励系统（Non-compensation Reward System）——企业给予员工在精神、心理、身体上的任何激励活动。

● ● ●

◇ 霍桑的"社会人"理论

"社会人"假设的理论基础是人际关系学说，这一学说是由霍桑实验的主持者梅奥提出来的。从管理学来说，社会人跟经济人相对应，管理学界称它为Y理论。

古典管理学和经济学一脉相承，都把人假设为绝对理性的"经济人"。

在这个前提假设下，无疑会推导出"胡萝卜加大棒"式的管理学。是的，"胡萝卜加大棒"被全世界的管理者普遍接受，但是"胡萝卜加大棒"的效果却越来越差。

20世纪初，哈佛大学行为学教授梅奥领导的科研小组，在一间名叫霍桑的工厂里，通过改善工人工作条件与环境等方式，试图找到提高劳动生产率的途径。

这个研究小组历时8年多进行研究、对比、统计，终于发现了人类真正提高工作效率的奥秘。

霍桑实验进行了8年多，只得出了两条结论：

（1）人是社会人，不是"经济人"。

（2）企业存在非正式组织。

1. 有人的地方就有"江湖"

曾有一位民营企业女销售，为了离家近，跳槽到某单位上班。

到了这家单位后，这位女销售发挥在民营企业时练就的业务素养，两个星期就完成了别人需要一年才能完成的回款任务。

但这位女销售并未获得任何褒奖，相反，却遭到了所有同事的白眼。

梅奥在霍桑工厂进行实验时就发现，一个班组为了维护群体的利益，会自发地形成潜规则，约定了谁也不能干得太多突出自己，谁也不能干得太少影响集体的产量，并且不能向管理层告密。

非正式组织这个概念，非常接近于人们常说的"江湖"。

正所谓有人的地方就有"江湖"，在一个正式组织里，一定会存在非正式组织。

工业高度分工的结果，使很多工作本身失去了意义。因此，人们只能从工作中的社会关系去寻求意义。

从根本上说，人是由社会需求而引起工作动机的，并且通过同事的关系而获得认同感。

员工对同事的社会影响力，要比对管理者所给予的经济诱因控制更为重视。

2. 制度不是万能的

许多学者主张要用制度管人，人们渐渐相信制度是企业生存和发展的基本保障。这种观念原则上是正确的，但也要提防另一个极端——制度万能论。

正是因为企业存在非正式组织，而制度又是通过人来执行，所以制度能起到的作用是有限的。

很多企业都订立了严格的规章制度，奖惩分明，以为"制度管人"万能，可以一劳永逸。

严律固然可以正人，但却不能使企业上下同心，形成高度的凝聚力，而凝聚力是企业发展的强大精神武器。

作为"社会人"的员工，除了有履行生产经营的责权外，还有归属与爱、受尊重、自我实现的需要。这就要求企业打破僵硬的管理手段，培育健康的人际关系，既要有严明的制度，又要有温情的管理，二者相辅相成，才能相得益彰。

例如，可以实行角色互换，开展"一日经理人"活动，促使组织内部和谐一致，增强领导与员工之间的理解与合作，同时员工也有了实现自我价值的机会；再如，优化员工的工作环境，使员工能够舒适地工作，从而得到愉悦、满足的心理感受；又如，为员工提供社会福利，时刻关心员工的生活，让员工体会到企业如家般的温暖。诸如此类，不一而足。

实践证明，这些温情管理方式都有利于凝聚员工的企业精神，增强归属感、事业心、向心力，从而促进企业经营目标的实现。

3. 不要执着于"嫡系"或"旁系"

很多企业草创时期，往往是靠"自己人"帮衬着起来的。

强调"自己人"是因为："自己人"的第一个优点是比较可靠，可以降低很多信任成本。

"自己人"通常爱犯的错误是往往不遵守公司的规章制度，认为自己是老板的"嫡系"，谁也不能把他怎么样。

然而，企业要发展，就需要引进大量的"外人"。

但仅用"外来人"也是不可取的。有些企业一谈到人才，总对外来人才厚爱偏爱，工资福利等一切待遇从优，唯恐怠慢了这些人才，而对本公司原有的人才却是另一种标准。

这种仅重视"外来人"的片面做法在有意或无意中冷落了本公司原有的人才，不利于企业的可持续发展。

◇ 传统绩效考核制度的不足

管理学如今是一门显学。

如果时光倒退几十年，管理还是一门令人羞于谈论的知识。这是因为，管理学有一个暗黑的起源。

1. 基于恐惧和控制的绩效考核

根据法国哲学家米歇尔·福柯的研究，现代组织的基本原则和管理模式，几乎都起源于监狱。

在大学的《政治经济学》教科书里，都会揭露资本主义血汗工厂的剥削制度，那就是"泰罗制"和"福特制"。

在一些大学编著的《管理学》教科书里，往往开篇就浓墨重彩地介绍泰勒的"科学管理"，并把泰勒尊为"科学管理之父"。

泰罗和泰勒，指的是同一个人，只是译法不同罢了。

这种感情上微妙的区别，反映了一个事实：人们把企业的存在视为一种"必要之恶"。所谓"必要"，就是人类别无选择地将它作为工具来驱动社会的进步。

　　把人当机器，把人当贼防的，并不全是"野路子管理学"。

　　科学管理的精髓在于"任务制"，而任务制是奴隶制下组织劳动的主要手段之一。

　　甘特是常用管理工具甘特图的发明者，他并不讳言"任务"一词与奴隶制的关系。

　　当管理学成为控制人的工具时，它就是一种无法拿到台面上的知识。

　　彼得·德鲁克本来是一名经济学和政治学学者，毕业后在一家投资银行工作。德鲁克还是一名"学二代"，大名鼎鼎的熊彼特就是他父亲的门生。

　　"二战"后，当彼得·德鲁克决定研究管理学的时候，他被认为不务正业、自毁前程。德鲁克的导师替他感到不值，说："你这么一个有才华的人，怎么去研究这些摆不上台面的东西呢？你在经济学、政治学界已经崭露头角，可以很有前途的。"

　　这语气就像20世纪80年代，在中国大陆的师友听说查良镛在写武侠小说时的心情——小查这么聪明的人怎么去写武侠小说了？

　　塞内加说，奴隶市场上贩卖的并不是真正的奴隶，真正的奴隶是那些自愿出卖自由的人。

　　你可以控制奴隶，却难以控制那些聪明的头脑。

　　所以，近百年来，管理学一直试图朝一个方向调整：由赤裸裸地控制雇员，逐渐转向激发雇员对工作的热情。

　　于是，使命的价值开始日益凸显。

2. 人是会追寻"意义"的灵体

人类如何使用自己的精力，从表面看是矛盾的。

正如孩子会逃避作业，同时又会挖空心思地玩游戏。

从理性上讲，一个健康的人本来就应该是好逸恶劳的。

然而，一个正常的人又必定是喜欢追求自豪、迎接挑战的。

20世纪60年代，席卷美国的嬉皮士（Hippie）运动，促使乔布斯思考一个问题，那就是：同样是中产阶级出身，为什么有人宁愿当游吟诗人，也不愿意做银行家？

乔布斯得到的启示是：生活不仅仅是工作、家庭、财产、职业，还有更广阔的一面，就如同硬币还存在另一面。

并不是所有人都会为了钱去工作。即使在当下的中国，同样是名校毕业，有人宁愿选择"清贵"低薪的工作，也不愿选择高薪、"996"的生活。

如果不为五斗米折腰，那些更聪明的头脑会为了什么而工作呢？

为了喜悦，为了分享，为了表达，为了认同，为了探寻真相，为了和这个世界互动。

当乔布斯说服沃兹尼克一起创办苹果公司时，并没有强调说这件事会赚钱，而是把这件事描述得像探险一样，即使失败了，也是一件余生值得回忆的、有意义的事情。

乔布斯因对待雇员要求严苛而饱受争议，但他反问世人：和我一起工作的都是些聪明人，如果觉得自己被虐待，他们中的任何人都可以换个地方找到最好的工作，为什么他们没有？因为我们正在做很了不起的事。

3.把公司视为机器已是昨日黄花

泰罗的科学管理思想诞生于19世纪末。当时，美国资本主义经济发展很快，企业规模迅速扩大，但由于生产混乱，劳资关系紧张，工人"磨洋工"现象广泛存在，导致企业生产效率低下。

美国工程师弗雷德里克·泰罗认为，企业效率低的主要原因是管理部门缺乏合理的工作定额，工人缺乏科学指导。因此，有必要把机械工程学的知识系统运用于管理实践。

泰罗通过"科学分析"人在劳动中的机械动作，研究出最经济而且生产效率最高的所谓"标准操作方法"，严格地挑选和培训工人，按照劳动特点对工人提出要求，制定生产规程及劳动定额；实行差别工资制，不同标准使用不同工资率，达到标准者奖励，未达到标准者惩罚；实行职能式管理，建立职能工长制，按科学管理原理指挥生产，实行"倒补原则"，将权力尽可能分散到下层管理人员，管理人员和工人分工合作。

1898—1901年，泰罗在伯利恒钢铁公司将他的理论进行试验并取得了成功。20世纪初开始在美国以及西欧国家流行。

这就是泰罗创建的科学管理理论体系，这套体系被人称为"泰罗制"。

19世纪，包括马克思在内的经济学家一致认为，增加生产的唯一途径在于提高劳动强度和延长劳动时间，这是不言自明的。

泰罗开始思考如何提高效率，这在当时其实是一个进步。

泰罗突破了前人的思维界限：他把体力劳动作为研究和分析的对象，发现增加生产的真正潜力在于"更聪明地工作"。

但泰罗制的缺点也是显而易见的，那就是他把个人视为奴隶、视为机器零件。他从未过问过他所研究的工人是否有提高和改善其工作的建议，他只是告诉他们应当怎样"正确地做事"。

4.追求意义是人性的光辉

泰罗为了提高效率，首先根据熟练工人的每一个动作、完成每一道工序所用的时间制定出"合理的日工作量"；然后实行标准化管理，即让工人按照标准化的操作方法，使用标准化的工具、机器和材料，在标准化的环境里工作；最后用标准化的计件工资来衡量并结算工人的劳动成绩。

在电影《摩登时代》里，卓别林成为巨大的机器旁边的一颗"螺丝钉"。没错，他的工作正是在流水线上不断地拧螺丝，从上班一直到下班，以至于但凡看到圆形的东西都条件反射地要用扳手拧上一拧。

电影里的卓别林正是因劳动强度过大而精神失常，在无意中参与了游行示威，并被当作工人运动的领导者投入监狱。

这种对效率的无限贪婪追求，其实是对人的异化。

人是万物之灵长，而不是机器。

人们常说，信仰不留真空。人们不相信这个就会相信那个，人的精神总要寻找寄托。

当一个人只要还有些许自由，他就会追问人生的意义、工作的意义。

当工作失去意义时，他会在同事关系中寻找意义。如果连人际关系也失去了意义，他宁可在虚无中寻找意义。

卓越的公司，总是通过使命感召一群人、去做一些事。

◇ 单纯金钱激励的局限

金钱在亚伯拉罕·马斯洛的所有激励层级中都扮演着相当重要的角色。但当一个人的需求层级提升之后，金钱便不再只满足于衣食温饱，而转变为衡量个人在经济环境中到底有多大价值的标准。

如果调薪的绝对值（absolute amount）很重要，那么一个人工作的动力可能还来自基本生理与安全保障的需求；但如果重要的是调薪的相对值（relative amount），那么这个人的激励很可能是来自自我实现，因为金钱在此只是衡量的工具，而非必需品。

薪资报酬对较高层级的人而言，尽管数字逐渐增加，但它所代表的物质价值会越来越少。

我们都有过被激励、鼓舞的经历。我们会自发地、高效地工作，因为我们发现工作变得更加有意义。这就是激励的力量。

不幸的是，至今仍有许多领导者不会运用这种力量去激励员工。

重赏之下必有勇夫。但是，金钱的刺激作用也会受到报酬递减律的限制。

领导者应具有一个重要品质，那就是无论是顺境还是逆境他都应有鼓舞员工的能力与愿望。显然，当企业繁荣昌盛、利润上涨、薪金增加、奖金提高时，鼓舞他人会相对容易些。

然而当境况不佳时，领导者又该如何激励员工呢？

再有，当员工精疲力竭或者感觉无聊时，以更多的报酬刺激他多做些工作并不容易。

此外，当公司在商界战场上遭遇失败时，领导者很难装出一副笑脸。然而，正是在这些不利的情况下，领导者鼓舞员工的能力才会更显重要。

除了薪酬这种最基本的物质保障之外，人们究竟还在追求些什么呢？

1. 人们渴望别人的肯定和尊重

给予肯定，无疑是鼓舞士气工作中最重要的一环，因为它满足了人性的基本需求。

人们做任何事几乎都是为了肯定自己：当你被晋升时，象征着公司对你表现的肯定；倘若你投入大量金钱来购屋买车，目的无非是让家人、亲友肯定你确有"一家之主"的姿态。同样，许多人做义工也是为了对社会做贡献。然而，是不是需要这么浩大的工程才能满足这种心理需求？答案是否定的。有时候，一句及时的赞美就能满足一个人的荣誉感和成就感，让他意识到自己在群体中的位置和价值。

尊严是每个人与生俱来的基本人权，不容践踏。

身为一个管理者，倘若你经常聆听下属的声音，对他们一视同仁，恐怕就是功德无量了。

你是否在职权范围内尽量尊重别人，并保证他们也如此对待你？的确，每个人都值得别人的尊重。

很多杰出的领导者主张对下属应特别尊重，并让下属感到自己很重要。正如著名直销商玛丽·凯所说："在你的想象中，你应该看到每个人都挂着一块大标语牌：'让我感到重要'"。

在奥斯特利兹战役开始前夕，拿破仑巡视全军，从一堆篝火走到另一堆篝火。每当他停下来，士兵们都上来围住他。拿破仑和他们谈笑，并感谢他们对他的忠诚。他向他们保证明天这一仗一定会赢，并说明他准备好了医疗急救，只要有人负伤，绝对会立即受到照顾。

"答应我们，"一位老兵高喊着："你自己要远离炮火！"

"我会的，"拿破仑回答说："我会留在预备队中，直到你们需要我的时候。"

在现实工作中，大多数人都不希望被当作"剩人"或是"闲人"看待。只要赋予他们某项特定的任务，哪怕是再微不足道的工作，也能够满足他们的成就感，让他们感到自己很重要。那具体要怎么做呢？

这不一定要以金钱、锦旗、奖杯、假期或是其他的实质利益来兑现，很多时候，员工需要的往往只是一句奖励或慰勉。

无论下属想要的是尊重、成就感还是各类有形或无形的嘉奖，目的只有一个：希望别人能肯定他们对公司所做的努力与贡献，也就是"心灵层面"的需求。相对而言，像吃饭、睡觉这些美国心理学家马斯洛所称的"生理层面"的需求，不需要获得掌声你也会去做。

也许你的下一个问题是："那么如何得知每个员工的需求呢？"其实你已经知道答案了，就是通过经常性的双向沟通，以了解每个员工的不同需求。

2.给员工掌声与"肯定的眼神"

美国一家发展迅速、生意兴隆的公司，创办了一份深受员工欢迎的刊物《喝彩·喝彩》，每月都要通过提名和刊登照片的方式对工作出色的员工进行表扬。

这家公司每年的庆功会更是新颖别致：受表彰的员工于每年8月来到科罗拉多州的维尔，在热烈的气氛中，100名受表彰的员工坐着架空滑车来到山顶，颁奖仪式在山顶举行，庆功会简直就是一场狂欢庆典。然后，在公司播放庆功会全过程。工作出色的员工是这次狂欢庆典的中心人物，他们赢得大家的喝彩，从而也激励和鼓舞全体员工奋发向上。

美国一家纺织厂激励员工的方式也很独特。这家工厂原来准备为女工买昂贵的椅子放在工作台旁供她们休息用。后来，老板想出了一个新花招：如果有人超过了每小时的生产定额，在一个月内她将赢得椅子的使用权。奖励椅子的方式也很别致：老板将椅子放在办公室，请赢得椅子的女工进来坐在椅子上，然后，在大家的掌声中，老板将她推回车间。

这两家企业都运用荣誉激励的方式，进一步激发员工的工作热情、创造性和革新精神，从而大大提高了工作绩效。荣誉激励是根据人们希望得到社会或集体尊重的心理需要，对于那些为社会、为集体、为企业做出突出贡献的人，给予一定的荣誉，并将这种荣誉以特定的形式固定下来。这既可以使荣誉获得者经常以这种荣誉鞭策自己，又可以为其他人树立学习的榜样和奋斗的目标。因而，荣誉激励具有巨大的社会感召力和影响力，能使企业具有凝聚力和向心力。

古往今来，凡是有作为的领导者或统治者无不善于运用这种手段激发其下属或臣民的工作热情和斗志，为实现特定的目标而做出自己的贡献。

我们一直强调每个人都有其特定的需求，其实更准确的说法是，每个人所追求的都是大同小异的，只是在满足要求的做法上要因人而异罢了。我们在这里列举一张清单，让读者更清楚地去透视人们的心理需求，其实"肯定的眼神"还是有章可循的。

· 给予良性而顺畅的双向沟通空间。

· 给予适当的授权（授权不当会引起反效果）。

· 让下属也参与决策过程。

· 给予下属必要的支持与协助。

· 因为员工的杰出表现，让全部门休假一日。

· 把你的专属停车位让给员工免费停车一周。

· 购买特别的文具或装饰品，给新进员工一个个性化办公空间。

· 给员工一本相关专业的畅销新书。

· 尊重他们的隐私权。

· 鼓励他们"献计"，提出好点子。

· 设法减轻他们的工作压力。

· 在公布栏张贴一张注明具体事例的表扬信。

· 给员工公假，让他去从事喜欢的社团活动或学习新技术。

· 让员工成为老手来带新手。

· 在周五下午带员工看一场鼓舞人心的电影，然后早点送他们回家。

· 在每周的特定日子，买点零食到办公室与员工分享，借此了解员工的工作，并听取他们的意见。

· 和他们互通有无，交换在工作上所需要的各项信息。

· 积极地栽培下属。

· 在你的办公室放一个抽奖盒，当某位员工表现出色时，他可以从盒中挑选喜欢的奖赏形式，从免费午餐到汽车油票都可以。

· 做一个员工成绩剪贴簿，每当员工受到表扬时，就记下具体内容和得奖感言。

· 用人要得当，尽量把他们摆对位置以期发挥专才。

· 给予下属人性化的待遇，赏识他们的聪明才智，把他们都当成大人看待。

· 当他们圆满完成一项任务时，必须给予热烈的掌声。

·在很多时候，他们即使没有功劳也有苦劳，千万不要忘了这点。

·把"谢谢你"等感恩的话挂在嘴边。

·寄一封表扬信给员工的配偶和家人。

·自愿为员工做一些他最不愿意做的事，例如替他洗车。

·记住员工的特殊日子（例如生日）送张贺卡祝贺他。

3.通过团队建设留人

前面已经谈到，雇员是"社会人"，而不是"经济人"。员工对公司的忠诚度可以消失，但对同事却不会这样。通过正确的"团建"方式，可以发展出健康的职场关系，提升工作效率。同时，公司也可以因此减少员工的流失率。

通过在工作中创立和发展社会社区，比如利用"团建"创造一种社会纽带，把员工们"捆绑"在当前工作中等。

一般来说，企业招聘员工的方式主要有以下几种：通过广告向全社会进行招聘，通过员工或他人推荐、招聘应届毕业生，猎头行动等。那么，究竟哪一种方式占主流呢？有统计显示，通过推荐方式录用的员工所占的比重是最高的——看上去很不可思议。

这种社会关系的纽带既可以成为招聘员工的主要方式，同时也可以成为留住员工的重要方式。

从行为科学的角度来看，员工可以背叛公司，但是很难背叛他们的社会关系网，如果他们通过社会关系的纽带进入公司，在他们做出离职决定时，也必须认真考虑这一因素。这是非常奇怪的，也许你不赞成这种方式，但是这种方式在挽留员工方面确有作用。

4."团建"与请客吃饭

我们的祖先，一群原始人，他们的生存环境极其险恶，他们是怎样密切合作战胜困难的呢？

原始人最常见的"团建"行为，就是一群人围在一起吃东西，一起分享打来的猎物。聚餐是一种分享，一种沟通手段。在我们的内心深处，对于这种吃饭形式，其实有一种本能的依恋。

得不到下属鼎力相助的领导者是没有领导力的，所以，请客吃饭是个非常有效的团建行为。

任正非一向以身作则，把这个理念发展为华为的一种文化。他有个习惯，就是公司聚餐吃饭必是他掏钱埋单，拿到发票当场撕掉。

华为的"吃文化"源远流长，在华为早期，任正非就非常重视吃的问题。虽然有时员工拿到手的工资是白条，但在吃的方面绝不缺斤短两、将就应付。在网上流传着一些任正非在食堂与员工一起进餐的照片，《华为员工守则》里专门规定："公司提倡'吃文化'，上下级和同事之间互相请客吃饭、吃面条，在饭桌上沟通思想、交流工作。"后来任正非感觉这个形式效果不错，就发展成华为工作纪律：绝对不允许华为人下级请上级吃饭，反对迎来送往，聚餐谁职务高谁埋单，同时鼓励上级请下属吃饭。

乔布斯对公司食堂也很重视。他认为，员工出去吃饭，一走就是一个半小时，甚至两个小时，工作做的就少了。而且，当他们在外面餐馆吃饭的时候，如果讨论项目，会被别人听见。

乔布斯于是向一位厨师长朋友求助。厨师长说他想要木烧披萨烤箱。乔布斯说：就这么定了。所以，公司食堂一直是苹果自己在运营。哪怕工程师工作到很晚，食堂依然开放。食堂里还有素食和更多选择。

乔布斯平时就在苹果食堂吃饭，食堂里永远有新鲜的寿司和昂贵的smartwater矿泉水。用更好的食物留住员工，可以让他们彼此增加互动。

如果领导者想要打造坚不可摧的团队，就不要独自一人用餐，而是创造与大家在一起聚餐的时机，创造乐于分享、沟通的氛围。若干年后，团队中的每一个人，都会怀念这段同甘共苦的时光。

◇ 使命感的激励作用确实存在

使命感，就是一种利他之心，或者自我实现的愿望，或者是一种崇高感。

为了挖掘高效人士的工作秘诀，加州大学伯克利分校的教授莫滕·汉森对5000名员工和管理人员进行了问卷调查。

他发现，17%的员工对于"我所做的工作不仅仅是为了赚钱，还对社会有巨大的贡献"这句陈述选择了"完全同意"。这些有着强烈使命感的人，上级对其工作表现的排名也更靠前。

在研究中，汉森也探讨了使命感与激情之间的区别。

激情是指你对于工作所抱有的兴奋或热情，比如高额奖金也能让你充满激情。

使命感，则是超越了物质激励，比如感觉到你为他人做出了贡献，或者你的工作具有重大意义。

汉森把员工分成几组。比如激情及使命感都偏低的人，在工作中的表现评估，平均打分排在第90名（共100名），如表5-1所示。

表 5-1　激情和使命感都偏低员工的工作表现排名

项　目	高使命感	低使命感
高激情	—	—
低激情	—	第90名

那些对工作提不起兴趣，又觉得工作毫无意义的人，做不好工作很正常。

反过来那些喜欢自己的工作，又觉得自己的工作有意义的人，工作中的表现会很突出，如表5-2所示。

表 5-2　高激情高使命感员工的工作表现排名

项　目	高使命感	低使命感
高激情	第20名	—
低激情	—	第90名

那些对重赏之下的高激情工作，如果被测试者认为没什么意义，结果会如何呢？如表5-3所示。

表 5-3　高激情低使命感员工的工作表现排名

项　目	高使命感	低使命感
高激情	第20名	第80名
低激情	—	第90名

这个结果颇让人感到意外，如果缺少使命感，即使工作有干劲儿，有欲望，但员工的最终表现比那些"低使命感、低激情"的人好不到哪儿去。

对于那些高使命感（对别人有益处），却报酬不高的工作，人们的工作效果虽然不是最佳的，但也可以说相当不错了。这个可以解释为什么有些公益慈善项目，志愿者的工资并不高，但工作热情却很高，如表5-4所示。

表 5-4　高使命感低激情员工的工作表现排名

项　目	高使命感	低使命感
高激情	第20名	第80名
低激情	第36名	第90名

按照进化心理学的观点，人类已经进化了另一种吸引社会性注意的行为模式。

当群体成员在某个人身上投放了大量的注意力时，这个人的地位就上升了。相比之下，那些被忽略的个体则拥有较低的地位。

为什么我们会关注有些人，而忽略另一些人呢？这是一个非常关键的问题。我们之所以会注意一个人，是因为他能够执行我们所看重的功能。比如，医生给病人看病，病人通常会对医生给予高度的注意。从这种观点来看，当我们争相为他人提供某种利益时，其实是为了增强自己吸引社会性注意的能力。而那些没有给他人提供任何益处的人，则不会吸引他人的注意，所以也得不到什么资源。

　　激情属于个人的激励。与之相反，使命感却是能够拿来分享的东西，足以成为一股将团队团结在一起的凝聚力。

第 6 章
工资铁律

　　基本工资（basic wages）是根据劳动合同约定或国家及企业规章制度规定的工资标准计算的工资，也称标准工资，一般情况下，基本工资是职工劳动报酬的主要部分。通过加班所得的工资不计入在内。

　　基本工资的原本含义，是指最低工资（minimum wage），也就是能够让一位受雇者与他的家庭安享基本的生活质量，而且足敷其基本生活开销所需的最低收入。

◇ 最低工资理论

威廉·配第（William Petty）是英国资产阶级古典政治经济学的创始人，他最早提出最低工资理论。该理论认为，产业社会中工人的薪酬应该等同于或略高于能够维持工人生存的水平。薪酬使得工人获得必需数量的生活用品，以维持自己以及家人的生活，从而为社会的未来扩大再生产提供足够数量的劳动力。换言之，工资和其他商品一样，有一个自然的价值水平，即最低生活条件的价值，生活所必需的生活水平，如果低于这个水平，工人连最低的生活也无法保障，资本家也就失去了劳动力，资本主义生产也就不能维持，因此，最低生活水平还是企业主生产经营的必要条件。

基于这种认识，许多国家都制定了最低工资的保障法律来保护劳工的基本生活所需。

最低工资是指劳动者在法定工作时间提供了正常劳动的前提下，其雇主或用人单位支付的最低金额的劳动报酬。最低工资制度是国家层面以法律形式干预工资分配并保障低收入劳动者基本生活的制度，也是政府调节经济活动、保障劳动者权益、促进社会公平的重要手段和工具。

最低工资理论也称为维持生存薪酬理论或生存工资理论，是最早出现的薪酬理论，被称为"工资铁律"。卡尔·马克思称威廉·配第为"英国政治经济学之父"。

继威廉·配第之后，法国古典重农学派的代表人物魁奈和杜尔阁，英国古典经济学家亚当·斯密和大卫·李嘉图等对最低工资都有一定的论述。

弗朗斯瓦·魁奈（Francois Quesnay）认为劳动者的工资只限于维持他们最低生活所必需的生活资料，而且按照其"纯产品"理论，工人和资本家的收入都是对社会产品的扣除部分，都不是剩余产品。显然，魁奈混淆了工资与剩余价值的区别。

安·杜尔阁（Anne Turgot）明确指出，因为劳动力供大于求，同时存在工人之间的就业竞争，所以资本家可以优先选择要价最低的劳动者，从而劳动者的工资趋向于"维持生计"的水平，因此工资是"劳动的自然价格"，这种"自然价格"除包括工人本身维持生存的费用外，还包括能够在工人人数总体上不增不减的情况下延续后代所需要的生活费用。这些维持工人简单再生产的费用，从长期来看总是稳定在某一水平，如果短期内工资提高到维持生存水平之上，劳动供给将会增加，从而使工资降低到维持工人劳动力简单再生产的生存水平；如果短期内工资降低到维持生存水平以下，会使工人阶级因疾病、营养不良、出生率下降导致劳动力供给减少，最终又会使工资提高到维持生存的水平。

因此，最低工资论所认为的"劳动的自然价格"，就是社会劳动力的简单再生产费用，它不仅是工人维持生存的基本保障，也是雇主生产经营的基本条件。

显然，这一理论是从劳动力的基本价值去解释工资水平的，在当时的历史背景下起到了一定作用。

随着社会的进步以及不同工人工资差别的出现，这一理论将逐渐失去存在的意义，必然被其他工资理论代替，但不可否认的是，该理论使后来的薪酬理论受到启发。

◇ 岗位工资制度

岗位工资（pay for position）是一种传统的工资制度，早在20世纪50年代就已在纺织行业中实行。它是指按照职工在生产工作中的不同岗位确定工资标准，并根据岗位责任制完成情况支付劳动报酬的一种工资制度。适用于专业化程度较高、分工较细、工种技术比较单一，生产连续性强，在同一岗位上职工技术要求差别不大的产业和工种，也适用于某些职责明确、无技术要求的工种。

岗位工资制分为"一岗一薪""一岗数薪"两种情况。

"一岗一薪"，即一个岗位只有一个工资标准，各岗位工资标准与其岗位相对应，排列顺序由低到高，组成一个统一的岗位工资标准体系，它只体现不同岗位之间的工资差别，不体现岗位内部的工资差别。实行"一岗一薪"岗位工资制，岗内不升级。新员工上岗采取"试用期"或"熟练期"的办法，不实行"过渡期"。试用（熟练）期满后，经考核合格者，即可执行岗位工资标准。

"一岗一薪"岗位工资制适用于专业化、自动化程度较高，流水作业，工种技术比较单一，工作物等级和工作物对象比较固定的产业、企业或工种。

"一岗数薪",是指在一个岗位内设置几个工资标准,以反映岗位内部不同职工之间的劳动差别。由于企业岗位比较多,有的有上千个甚至上万个岗位、工种,从管理成本角度看,不可能有多少个岗位就设多少个岗位工资标准,只能采取将相近岗位进行归并归级的做法,这就导致同岗位级别内也存在劳动差别的问题。

岗位工资与劳动责任、劳动强度、劳动条件三项要素相对应,它的确定是依据三项劳动要素评价的总分数,划分几类岗位工资的标准,并设置相应档次,一般采取"一岗多薪"的方式,视劳动要素的不同,同一岗位的工资有所差别。

在岗位工资基础上,还有技能工资制度和岗位技能工资制度做补充。

1. 技能工资制度

技能工资(competency-based pay)又叫能力计酬,是指根据员工所表现的专业给予薪资给付的制度。

技能工资是我国企业改革中普遍采用的新的工资制度,它是一种以劳动技能、劳动责任、劳动强度、劳动条件等基本劳动要素为评价依据,以岗位或职务工资和技能工资为主要内容,根据劳动者的实际劳动质量和数量确定报酬的多元组合的工资类型。

从性质上讲,技能工资制度是一种把劳动者的收入与企业经济效益挂钩的企业内部分配制度。

2. 岗位技能工资制度

岗位技能工资制度属于基本工资制度，由技能工资、岗位工资、辅助工资组成。辅助工资制度作为一种补充，由三个板块构成：

（1）年功工资。这是随雇员工龄增长而变动的工资部分。年龄工资是对长期从事本职工作的雇员的一种报酬奖励形式，目的是承认雇员以往劳动的积累，激励雇员安心从事本职工作。年功工资单元以雇员的连续工龄作为工资上升的依据，定期提高工资档次。

（2）效益工资。这是随企业经济效益而变动的工资部分。为了体现雇员报酬与企业效益挂钩，效益工资单元随企业效益的波动而增加或减少。在企业具备长期支付能力的前提下，效益工资有可能转为基本工资。

（3）特种工资。特种工资主要是指津贴，它是对特殊作业环境、劳动条件、劳动强度下员工生活、生理和心理损害的工资性补偿。津贴一般分为四种性质：特殊工种的岗位津贴、流动人员的野外作业津贴、从事有毒或有害作业的保健津贴和到边远艰苦地区作业的补偿津贴。

◇ 资历工资与成熟曲线

资历工资制以员工个人的年龄、工龄、学历、本专业工作年限等因素为依据。其中，以工龄因素为主导的工资设计又称年龄工资，即企业按照员工的工作年数（员工的工作经验和劳动贡献）的积累给予的经济补偿。年功工资制的基本特点是员工的工龄越长，工资水平越高。

年功序列工资制是日本企业的传统工资制度，是一种简单而传统的工资制度。其主要是指员工的基本工资随员工本人的年龄和企业工龄的增长而每年增加，而且增加工资有一定的序列，按各企业自行规定的年功工资表次序增加。

此外，对于专业人员，个别绩效评估不易进行，所以采用所累积的技术专业工作的年限，作为薪资给薪标准的做法。公立学校的教师的资历与报酬之间的关系可利用成熟曲线来表示（maturity curve）。

◇ 薪酬设计的原则

1.公平性

公平性原则是制定合理的薪酬制度的首要原则，比如"同工同酬"、多劳多得，这是设计薪酬方案和实施薪酬管理的首要原则。

2.凸显激励性，避免工资挤压

激励性是指要在内部各类、各级岗位、职务的薪酬水平上，适当拉开差距，真正体现按贡献分配的原则。激励性主要强调将员工的报酬与业绩挂钩，根据绩效水平的高低对薪酬进行调整，如此一来，从事相同工作、具有相同能力的不同员工就会由于绩效考核结果的差异导致所获报酬出现较大差异。

某公司是一家多元化集团公司，有近千名员工，年销售收入近9亿元，员工非常稳定和忠诚，很多员工在企业工作将近15年的时间，员工的薪资水平在一线城市相对来说是比较高的，总的来说，员工对薪酬还是比较满意的。

但有一点令人费解，公司的资金制度并不能刺激员工的工作积极性，为什么呢？原来该公司的绩效管理制度出了问题，使大家对奖金分配失去了兴趣。在公司刚开始将考核成绩与奖金挂钩时，大家还很着急，生怕自己的绩效不好，影响了收入。但后来大家却发现，绩效考核的结果对奖金的多少并无太大影响，那些评为A级的员工奖金只比B级员工多200元，B级员工比C级员工才多100元。为照顾员工情绪和考虑平衡，部门经理将大多数员工都评为B级，A级和C级的员工很少，有些部门甚至一个都没有。

这种现象叫"薪酬压缩（pay compression）"，又叫"工资挤压"，是指企业具有不同技能和经验的员工获得相似薪酬时的状况。

3.合法性原则

各国政府都制定强制性的法律法规，保护员工的薪酬权益。因此，企业的薪酬制度必须符合国家法律、法规和政策的要求，特别是国家有关的强制性规定。比如，国家有关最低工资的规定、有关职工的"五险一金"等，都必须遵守。

◇ 案例：Ａ公司的不公平薪酬问题

乔伊·布莱克正在考虑如何解决他在自己工厂中遇到的薪酬管理难题。在布莱克接手Ａ公司总裁一职之前，公司创始人比尔·乔治已经在这个位置上待了 35 年之久。这个拥有 250 名员工的家族企业位于美国东部的一个名为阿卡萨斯的小镇，是当地社区最大的一家企业。布莱克是拥有Ａ公司的这个家族的成员之一，但是他在成为公司总裁之前从未在这家公司工作过。他拥有 MBA 学位和法学学位，而且已经在一家大型制造企业中积累了 5 年的管理经验。在来到Ａ公司之前，他在上一家公司担任人力资源高级副总裁。

在加入Ａ公司之后不久，布莱克就注意到，公司为白领员工设计的薪酬结构存在严重的不公平现象。在与人力资源总监探讨之后，他确信这些员工的薪酬水平在很大程度上是与前任总裁进行个人谈判的结果。那些根据工作小时数领取工资的工厂生产类员工的薪酬还没有什么问题，因为他们已经组成了工会，他们的工资是通过集体谈判确定的。而领取薪水的白领员工一共有 25 人，他们的薪酬从总裁一直到接待员有非常大的跨段。再仔细考察就会发现，在这 25 人中，有 14 人是女性，而这 14 人中，有 3 人是工厂中的一线主管，1 人是人力资源总监，其余 10 人是非管理类员工。

对问题进行考察后，布莱克还发现，人力资源总监的薪酬水平过低，而 3 位一线女性主管的薪酬水平也比任何一位男性主管的薪酬水平要低。然而，在该公司中却不存在由男性和女性同时担任的类似的主管级职位。在被问及为什么一线女性主管的薪酬水平更低时，人力资源总监解释说，主要是因为她们是女性，而前任总裁乔治认为女性不像男性那样需要钱，因为她们都有一个有工作的丈夫。此外，他指出，女性主管人员薪酬水平较低的另一个原因是这些女性主管所监督的员工的技能水平要比男性主管所监督的员工的技能水平更低。布莱克不敢肯定这种说法是否属实。

布莱克过去就职的那家大型制造企业有一个很好的职位评价系统。尽管他非常熟悉，同时也有能力运用这种薪酬工具，但却没有时间在A公司进行职位评价方面的研究。因此，他决定雇用附近一所大学中的一位薪酬咨询顾问来帮助自己解决这一问题。最后，他们认定，25个领取薪水的职位都应当被纳入同一个职位评价体系，并且运用一种经过修订的排序法对这些职位进行评价。此外，人力资源总监最近刚刚完成的职位描述是具有时效性的、准确的，并且对于职位评价是有用的。

职位评价结果表明，在非管理类职位中并不存在严重的不公平或者歧视现象，但是人力资源总监和3位女性主管所获得的薪酬水平相对于与她们具有可比性的男性而言，存在报酬不足的问题。

布莱克还不清楚到底应当采取何种措施。他知道，如果这些所得报酬过低的女性主管将情况反映给当地的公平就业办公室，那么公司就会被认定犯有性别歧视罪，从而不得不返还大量欠薪。但是他很担心，如果自己立即将这些女性主管的薪酬水平大幅上调到原本应当达到的水平，那些男性主管很可能会感到不舒服，而女性主管也会慢慢地明白是怎么回事，从而要求拿回公司克扣的薪水。

人力资源总监同意给女性主管提供较大幅度的加薪，但是不同意向她们支付过去的欠薪，因此，问题得到了一定程度的解决。布莱克认为，在女性主管薪酬问题上，他有四种选择：

第一，什么也不做；

第二，逐渐提高女性主管的薪酬水平；

第三，立即把女性主管的薪酬水平提上去；

第四，将这3位女性主管叫到他的办公室，与她们共同讨论目前存在的问题，沟通决定应当怎么办。

第 7 章

绩效薪酬

　　如何才能将薪酬与绩效联结起来？这是每一位管理者所思考的问题。

　　利用财务奖励方式来鼓舞绩效超过预定工作目标的员工，是泰勒在 18 世纪倡导下，才逐渐流行起来的。

　　用绩效薪酬奖励计划去激励员工，如今已是管理者所要思考的最重要课题之一。按件计酬、工作奖金、利润分享及净额红利都是绩效薪酬的形式。

　　绩效薪酬简称 4P 或者 PfP，又叫绩效付薪、绩效工资制、业绩报酬等，是指将员工的待遇与工作绩效紧密结合的制度，员工个人的加薪金额是基于在工作中的表现的情况。在这种模式下，员工的工资是基于生产力，而不是基于工作时间支付固定的工资。绩效薪酬与期望理论关系密切，按期望理论的说法，欲使薪酬激励作用最大化，则让员工相信绩效与报酬之间是一种强的正相关关系，如果薪酬分配更多是依据非绩效因素，如年资、职位头衔的话，那么员工很可能会降低工作积极性。

◇ 着眼于成效

"企"无"人"则"止"，从根本上讲，人是企业最重要的资源。然而，人是不是越多越好呢？答案是否定的。

搭建一个组织，存在着一个巴别塔诅咒。

巴别塔，又称巴比伦塔，是公元前586年位于古巴比伦王国的一座高塔。"巴别塔"之名来自犹太教和基督教经典《圣经》的《旧约·创世记》第11章1~9节。它讲的是，大洪水之后的人类为了"传扬自己的名"，要造一座通天塔，而上帝则变乱了他们的口音，使他们彼此语言不通，无法合作施工，通天塔自然坍塌。在希伯来语中，"巴别"是"变乱"的意思，于是这座塔就被称作"巴别塔"。

企业规模达到一定程度，各种沟通成本、管理成本会无限膨胀。如同造一座摩天大楼，并不是越高越好，因为大楼高到一定程度，除了电梯等辅助系统外，几乎再无使用空间了。

公司也一样，那些巨无霸型企业往往各领风骚十几年，然后就成为世人嘲笑的目标。

人多未必力量大，人多未必是好事，达不到目标通常不是因为人不够，而是人太多。企业用人，切勿盲目堆砌人力。不但要学会用人的加法，还要学会用人的减法，变粗放式用人为集约式用人。

当CA软件公司（Computer Associates）通过并购飞速发展，

紧追微软成为全球第二大软件公司时，前任董事会主席、创办人、3岁从上海移民到美国的王嘉廉先生，曾接受媒体的访问。

记者请教王嘉廉："CA并购的公司，产品五花八门，规格不一，你是如何统合这些规格，如何融合这些产品的？"

王嘉廉回答了一个简单原则：

"软件开发是脑力活动，人多没用。通常，一个新软件开发不出来不是因为人不够，而是人太多。软件的开发计划，事前去审查它，没有意义。我通常先相信计划负责人，他要多少预算、多少人，我就答应他。但是，我要他承诺一个有具体里程碑的开发日程表。到了第一个里程碑时，我就去检查。如果未兑现承诺，我就减少一个人。下次再检查，若还没兑现，我就再减一个人。一直减到项目赶上进度为止。如果人减光了，项目就自然死亡了。"

西方管理学中有一条著名的"苛希纳定律"，早对"人多力量小"的怪现象做了透彻的分析：如果实际管理人员比最佳人数多2倍，工作时间就要多2倍，工作成本就要多4倍；如果实际管理人员比最佳人员多3倍，工作时间就要多3倍，工作成本就要多6倍。

一个组织要想提高绩效，就要辞退冗员。只有找到适合组织的最佳规模，并在管理工作中贯彻下去，这样的组织才能成为一个高效的组织。

◇ 低绩效组织是怎样形成的

管理学上有一个著名的帕金森定律，它是解释官僚主义或官僚主义现象的一个重要定律，已经成为官僚主义的代名词。

英国学者C.N.帕金森在其所著《帕金森定律》中指出：官僚主义者喜欢无事忙，通过扩大下属机构抬高自己的身份，因而行政机构总是呈金字塔形，并按一定速度增长。各种委员会的人数总是不断增多。当委员会成员增加到20人以上时，委员会的工作效率大幅降低，于是其中少数起作用的委员便构成核心，成为实际领导机构，而一般委员则不起作用。人数持续扩大，致使委员会名存实亡。在各种会议上，官僚主义者总是无原则地拥护一方反对另一方，或者像表决机器一样为他人所操纵。各种考核制度多流于形式、弊端丛生，官僚主义者所需要补充的人员是"下手"而不是"对手"，总是反对任命或者提升任何将来可能胜过他自己的人。办公大楼愈堂皇，设备愈精致，往往管理愈混乱，管理者愈腐败无能。年老迟钝而又居领导职位的人不肯退休，使下级的接替者备受挫折，心灰意冷或产生变态心理。

在《帕金森定律》一书中，帕金森教授指出，一个不胜任的管理者可能有三条出路：

·申请退职，把位子让给能干的人。

·让一个能干的人来协助自己工作。

·聘用两个水平比自己更低的人当助手。

辞职是万万行不通的，因为那样会丧失许多权力；任用贤能也行不通，因为那个能干的人会成为自己的对手；看来只有找更不中用的人来帮助自己了。

于是，两个平庸的助手分担了他的工作，减轻了他的负担。由于助手的平庸，不会对他的权力构成威胁，所以这名管理者从此高枕无忧。

两个助手既然无能，他们只能上行下效，再为自己找两个更加无能的助手。如此类推，就形成了一个机构臃肿、人浮于事、相互扯皮、效率低下的领导体系。

这部分阐述是《帕金森定律》一书中的精华，也是帕金森定律的主要内容，常常被人们用来解释官场病根源。

◇ 破解冗员悖论

"植物学家的任务不是去除杂草，他只要能够告诉我们，野草生长得有多么快，就万事大吉了。"帕金森教授如是说。他并没有给我们解决问题的答案。如何破解机构膨胀问题呢？

如果这是一个不治之症，社会岂不是将一天天衰败下去，企业岂不是要一天天萧条下去？

要寻找解决之道，首要的前提在于吃透这个定律。所谓定律，无非是对事物发展的客观规律的阐释，而规律总是在一定条件下起作用的。

·必须有一个组织，这个组织必须有其内部运作的活动方式，其中管理工作占据相当重要的地位。

·寻找助手的领导者本身不具有权力的垄断性，对他而言，权力可能会因为做错某事或者其他原因而轻易丧失。

·这位"领导者"对他的工作来说是不称职的，如果称职就不必寻找助手。

以上条件缺少任何一项，就意味着帕金森定律会失去作用。

只有在一个权力非垄断的二流领导管理的组织中，帕金森定律才起作用。

在一个没有管理职能的组织——比如兴趣小组之类，不存在帕金森定律描述的可怕顽症；一个拥有绝对权力的人，他不害怕别人攫取权力，也不会去找比他还平庸的人做助手；一个能够承担自己工作的人，也没有必要找一个助手。

正是这种权力的危机感导致可怕的机构人员膨胀的帕金森现象的发生。

人总是趋利避害的。假设他的既得利益受到威胁，那么本能会告诉他，一定不能丧失这个既得利益。一个既得权力的拥有者，假如存在权力危机，不会轻易让出自己的权力，也不会轻易地给自己树立一个对手。

一个私营企业老板，随着企业规模的不断扩大，越来越感到在管理上力不从心。于是，他聘请一位职业经理人，并通过媒体广发布求贤广告。

应征而来的人络绎不绝，其中有位这样的人才：在海外一所著名的商学院读完了 MBA 课程，而且有长达十年的管理经验，业绩卓著，显然是十分理想的人选。

老板早就想过了：公司的土地是我的，所有的产权都是我的，这个人来我这里是为我打工。干得好我可以继续留他，给他很高的待遇，干得不好我可以让他离职，无论他如何出色和卖力地工作，他都不能坐我的位置，老板永远是我。

于是乎，这个高智商、高素质、高能力的人才被留了下来。这位老板可以说是完全不受帕金森定律的影响。

果然，企业经营取得重大突破，业务范围逐渐扩大，新的问题层出不穷。这时，高才生由于所学已经过时，又没有很好地"充电"，感到越来越力不从心。于是，他通过媒体发出招聘广告，各种人才又络绎不绝涌来。

在这些应聘者中，老板比较看重其中两位：一位是某名牌大学的公共管理专业刚刚毕业的研究生，写了很多文章，理论功底极为深厚，实践经验却非常匮乏；另一位则颇有实干家的手腕和魄力，拥有先进的管理观念和多年实践经验。

老板拿不定主意，叫这位职业经理人选择，他经过深思熟虑，最后选择了那个刚走出校门的研究生。

帕金森定律认为，组织中的高级主管采用分化和征服的策略，故意使组织效率降低，借以提升自己的权势，这种现象即帕金森所说的"爬升金字塔"。彼得认为这种理论设计是有缺陷的，他给出的解释员工累增现象的原因是层级组织的高级主管真诚追求效率（虽然徒劳无功）。

其实，这两种说法是从两个角度谈的同一个问题，两者并不矛盾。如果我们能够将两种观点互相补充，将会更全面地理解人多反而低效的悖论。

◇ 甘特绩效分红计划

亨利·罗伦斯·甘特（Henry Laurence Gantt）美国机械工程师和管理学家。他在20世纪10年代发展出甘特图，并以此闻名于世。

1861年，甘特出生于马里兰州卡尔弗特郡。他毕业于约翰斯·霍普金斯大学，并且在史蒂文斯理工学院取得硕士学位。在成为机器工程师之前，他当过教师和制图工。1887年，他加入弗里德里克·温斯罗·泰罗在密德维尔钢铁和伯利恒钢铁的科学管理工作，一直到1893年。在晚年的管理顾问生涯中，他除了甘特图，还设计了薪资的绩效分红（task and bonus）制度，并且发展出测量工人的工作效率和生产力的方法。

1895年，泰罗提出了差别计件计划，这是泰罗基于动作与时间统计的结果所创立。差别计件制系按件计酬，订定两种不同的工资率：未达标准之工资率和已达标准之工资率。

亨利·甘特认为泰罗差别计件制过于严格，不能保证员工之最低薪资，故加以修正，提出了甘特绩效分红计划（gantt task & bonus plan）。

其方法是：达到工作标准以上者，除了可领取计时工资外，还可领取计时工资三分之一的奖金；未达到工作标准时，仅能领取计时工资，其目的在于奖励员工在限期内完成工作，使机器充分运转，以降低成本。

◇ 斯坎伦计划

管理学中最重要的权益分享计划是著名的斯坎伦计划（the scanlon plan）。

1927 年，美国马萨诸塞州哈德逊市的一家机床工厂的一位工会主席约瑟夫·斯坎伦（Joseph Scanlon）提出了一项劳资协作计划。

该计划指出，如果雇主能够将因大萧条而倒闭的工厂重新开张，工会就同工厂一同努力降低成本。斯坎伦计划的目的是减少劳工成本而不影响公司的正常运转，使组织的目标和员工的目标同步化，奖励主要是根据员工的工资（成本）与企业的销售收入的比例，激励员工增加生产，以降低成本。

斯坎伦计划其实是一种收益分享计划，旨在让员工更直接地参与公司决策过程，以从员工的建议和贡献中获益。它鼓励员工提出

"增加产量，降低成本"的建议，若因此而节省具体的成本，则员工可以获得奖金。

斯坎伦计划的首要特色是关于组织绩效改善后所获得的经济利益如何分享的方案。这是一种降低成本与利益分享相结合的独特制度。这项计划，需要组成一系列的委员会，借以对组织中任何人所想到的足以改善营运比率的方法作一讨论和审查，并对其中认为有价值的可行方法付诸实施。

1944年，斯坎伦又进一步完善了这一计划，提出用工资总额与销售总额的比例来衡量工作绩效。如今，斯坎伦计划的要点包括：工资总额与销售总额的比例、与降低成本相联系的奖金、生产委员会和审查委员会四个方面。

◇ 21世纪的薪酬激励

2002年，美国效能组织中心在对美国1000家企业薪酬进行统计后，归类出薪酬管理的潮流：

1.绩效薪酬（performance pay）

又叫绩效工资制，是指个人薪酬的多少视其工作绩效而定，也就是薪资取决于个人的工作表现。比如，按件计酬制（piece rate）或销售佣金制（sale commision）都属于工作绩效薪酬。

2. 奖金、红利（bonus）

是指以一次性方式支付的报酬，它是激励员工绩效或成果的奖赏。这种报酬并不成为员工固定薪资的一部分。

3. 利润分享计划（profit-sharing plans）

又叫职工分红计划，是指让员工参与到企业的经营管理中、参与到企业的利润分配中、增强员工的归属感的一种制度，是公司将部分利润用来分配给员工做激励的一项计划，可采用现金，也可采用股票选择权。

4. 成果分享（gain sharing）

是指当员工或团队提出了降低成本或其他能提升生产力的计划时，公司也可以就该计划能够获致的成果分派薪酬给做出贡献的员工或团队。

5. 认股权（stock option）

企业允许公司内部的高级主管（总经理、董事等）在特定期间内，以特别优惠的价格购买该公司股票或债券的权利。其原意是鼓励高级主管经营好公司业务，其持有的股票自然更值钱。很多美国公司授予高级主管的认股权，占了他们薪水结构的90%。

6. 知识薪酬（pay for knowledge）

德鲁克创造了"知识工人"概念，知识薪酬是向知识工人支付薪酬的一种方案。

7. 非现金报酬

对业绩的认可奖励、任何对个人或团体的非现金奖励，包括：

礼物、公开赞扬、宴会等。

8. 弹性福利计划（flexible benefit plan）

弹性福利计划是指容许员工从企业设立的各种福利中选择他们所喜欢的福利项目的福利计划。

9. 雇用保障

公司通过福利计划，比如事业保险，来防止员工失业。

10. 公开报酬的信息

公开报酬的信息是一种沟通计划，给予员工有关报酬政策、报酬范围、浮动数额、奖金数量和工作或技能评价体系的信息。

◇ 案例：郭士纳改造 IBM 薪酬文化

长期以来，国际商业机器公司（International Business Machines Corporation，IBM）采取了一套独特的薪酬文化，对于绩效考核、加薪、奖金分配制度都有严格的定量标准，但这个体系过于僵化，不够灵活。比如，IBM 存在福利项目比重高的问题，而且承诺员工一旦入职，则终生不会裁员。另外，其薪资的弹性很小，基本薪酬占了绝大部分。

IBM 公司内部设有一个 Best of IBMer 奖项，这个奖项每年颁发给为公司做出杰出贡献的个人。获奖的 IBMer 除了获得物质奖励，还可以携带家人去夏威夷度假，在风光优美的五星级酒店里和 IBM

公司的CEO及核心管理团队享受晚餐。然而根据相关调查，几乎很少有员工会被这个奖项所激励，因为得奖难度太大，95%的员工认为自己无论如何努力都不可能得奖。

对杰出员工给予巨额奖励自然有激励作用，然而如果想让这种模式取得更广泛的激励效果很难。对大多数人而言，那种稍微努力一下就能获得的奖励，哪怕是微小的，其激励效果也比金字塔顶端奖项的诱惑大得多。

20世纪90年代初期，IBM巨幅亏损。

1993年，路·郭士纳（Louis V. Gerstner）上台后，推动大幅企业改造，其中之一就是绩效管理和奖酬制度的改变。在路·郭士纳初任时，IBM的薪资制度有如下特点：

·所有层级的薪资主要由薪水构成，相对的红利、认股权或绩效奖金少之又少。这套薪资制度产生的薪酬差异很少。

·除了考核不理想的员工，所有员工通常每年一律加一次薪。

·高阶员工和比较低阶的员工之间，每年的调薪金额差距很小。

·加薪金额落在那一年平均值的附近。比方说，如果预算增加5%，实际的加薪金额则界于4%和6%之间。

·不管外界对某些技能的需求是否较高，只要属于同一薪级，各种专业的员工（例如，软件工程师、硬件工程师、业务员、财务专业人员）待遇相同。

·公司十分重视福利，退休金、医疗福利、员工专用乡村俱乐部、终身雇用承诺、优异的教育训练机会，全是美国企业数一数二的。

路·郭士纳担任IBM首席执行官后，对上述IBM的薪酬制度做了大刀阔斧的变革。新制度依绩效评定薪酬，而不是看忠诚度与年资；新制度强调差异化，总薪酬视就业市场状况而有差异；加薪幅度视个人的绩效和就业市场上的给付金额而有差异；员工拿到的红利，依组织的绩效和个人的贡献而有差异；根据个人的关键技能，以及流失人才与竞争对手的风险，授予的认股权有所差异。

1. 员工认股权

在路·郭士纳到任前，IBM所实施的认股权，只是用来奖酬主管的工具，而不是将高阶主管和公司的股东搭上关系的手段。路·郭士纳针对认股权做了三大变动：

（1）认股权首次授予数万IBM人。

（2）将股票薪酬调整为高阶主管待遇的最大部分，压低每年现金薪酬，相对于股价升值潜力的比重，高阶主管必须了解，除非长期投资的股东能够累积财富，否则，高阶主管没有办法得到相同的利益。

（3）IBM的高阶主管，除非用自己的钱来购买并持有公司的股票，否则，他们无法拥有认股权。

2. 发放红利

在路·郭士纳到任前，IBM发放红利给高阶主管时，主要依据他们个别单位的绩效，换句话说，如果你的单位表现很好，但公司整体表现很差，对你一点影响都没有，仍可得到很好的红利，如此，鼓励员工养成一种以自我为中心的文化，与IBM创造的文化抵触。路·郭士纳于1994年起，推动分红的变革是：所有高阶主管每年红利的一部分是由IBM的整体绩效决定的。换句话说，经营服务事业群或硬件事业处的人，他们的红利不以本身单位的表现好坏来决定，而是以IBM合并后的业绩如何而定。

3. 依据表现确定薪酬

IBM根据各部门工作情况，依照工作难度、重要性和职务价值分为五个系统。五个系列假设为ABCDE，A属于最简单的部分工作，BCDE则是复杂程度和困难程度递增的工作，而职务也是逐渐升高的。如果只愿做简单工作的人领取A系列，只能在A系列中升到最高值，由于A系列中的整体薪酬水平较低，所以公司会鼓励员工承担更多的工作。当A系列员工的薪酬水平超过B系列员工薪资水平的最低值时，可以向公司提出做更高难度、更有价值的工作。这样员工可以从A系列跨到B系列，便可以争取更高的薪酬。IBM的薪酬结构中会从岗位、职务、工作表现与工作业绩的综合表现来定义员工的薪酬。

4. 缩减照顾员工的福利

路·郭士纳认为，20世纪70—80年代高获利率的时代已经过去，而且永远不再回来。所以IBM必须紧缩福利计划，因为公司已经无力负担那么高水平的福利。此外，调整福利制度也是因为旧制度是配合公司以前的终生雇用承诺而设计的，但是经由变更薪酬计划、购买股票和认股计划、根据绩效调薪等办法，每个员工远比从前更有机会分享经营成功的果实。

5. 薪酬行情调查

路·郭士纳将奖酬制度改为绩效导向并与市场联结。公司定期做市场薪资调查，了解外面市场上业务营销、技术服务及后勤支持三种人员的薪资行情，随时追踪与调整内部的相关制度。

6. 变动薪酬

20世纪90年代中期，IBM在全球各地引进"变动薪酬"。路·郭士纳利用这种方式向所有人员表示，如果公司否极泰来，每个人将能同获奖励。"变动薪酬"的金额和IBM的整体绩效互相关联，确保每个员工都知道，只要他们努力和同事合作，对大家都有好处。

第 8 章
股权激励

　　企业之所以能够吸引、留住人才，薪酬制度是其中重要因素之一。利润分享计划（profit-sharing plans），又叫职工分红计划，是指让员工参与到企业的经营管理中、参与到企业的利润分配中、增强员工的归属感的一种制度，是公司将部分利润用来分配给员工做激励的一项计划，可采用现金，也可采用股票选择权。

　　实践证明，股票期权的激励效果相当惊人。员工认股计划（Employee Stock Ownership Plan，ESOP）是让员工购买部分或公司所有股票计划。此法可以有效提升员工之士气并鼓励员工参与公司决策。

◇ 微软首创的股票期权制度

1950年，微软（Microsoft）是第一家采用股票期权（或认股权）作为激励员工工具的企业。从此，许多美国企业开始使用股票认购权来激励优秀员工。

认股权（option plan）即股票期权，是指买方在交付了期权费后即取得在合约规定的到期日或到期日以后按协议价买入或卖出一定数量相关股票的权利；是对员工进行激励的众多方法之一，属于长期激励的范畴。

绩效选择权（performance option / shares）又称绩效限制性配股，是指员工未来可以行使多少配发的股票选择权，除了未来服务年资条件之外，再加上未来绩效条件的限制，绩效条件可以是公司整体的，如股价、每股盈余，也可以是个人的，如绩效考核的结果。

股票期权计划（stock option plan）的运作方式，通常是在招聘员工时，约定在若干年内，员工可以分年认购公司股票若干股，而其认购价格通常以该员工报到当天之股市收盘价格为准。对在职员工亦可每隔数年办一次股票认购权计划，并订定某一日作为计划开始日，以当日之股票收盘价为认购价格，如果员工报到或计划开始后，股票持续上涨，则员工可赚取股票差价；如果股票下跌，股票认购权则形同虚设。

公司的高级管理人员时常需要就公司的经营管理以及策略发展等问题独立地进行决策，如公司购并、公司重整以及长期投资等重大决策，它给公司带来的影响，往往是长期性的，效果要在三至五年甚至十年后才会体现在公司的财务报表上。在执行计划的当年，公司的财务指针记录的大多数是执行计划的费用，计划带来的收益可能很少或者为零，甚至为负数。如果一家公司对高级管理人员的报酬结构，完全由基本工资及年度奖金构成，那么出于对个人私利的考虑，高级管理人员可能会倾向放弃那些短期内会给公司财务状况带来不利影响但是有利于公司长期发展的计划。为了解决这类问题，公司设立了一种新型激励机制，将高级管理人员的薪酬与公司长期业绩联系起来，鼓励高级管理人员更加关注公司的长期持续发展，而不是仅仅将注意力集中在短期财务指标上。

股票认购权是公司给予高级管理人员的一种权利，持有这种权利的高级管理人员，可以在规定时间内，以股票期权的行权价格（exercise price）购买公司的股票，这种购买过程被称为行权（exercise）。在行权以前，股票期权持有人没有任何现金收入，行权过后，个人收益的行权价与发权日市场价之间的差价，高级管理人员可以自行决定在任何时间出售行权所有股票。

◇ 宏碁的员工分红入股制度

成立于 1976 年的宏碁（qí）并非一开始就是全球第二大 PC 制造商，而是经过多年的布局，完成了多品牌布局，直到 2009 年才取得骄人的业绩，成为实实在在的全球第二大PC制造商。

1978年，宏碁集团董事长施振荣以公司净值的一半邀请主要干部入股，后来又广及一般干部及资深员工，以公司净值入股，并从员工每月薪资中扣除，所以在1984年之前，宏碁是一个百分之百股份由员工持有的公司。

施振荣在接受采访时说："实际上我在创业的时候，薪水比外商低很多。但是我定了一个目标，在5年左右，希望总薪水加起来，应该包含奖金以及他入股的分红，他会超过IBM，结果我们真的达到了。"

宏碁的模式在全世界是唯一的，整个宏碁实行的是大面积分红，包括普通员工和管理层，甚至包括被收购企业的员工和管理人员。这样就不分彼此，我中有你，你中有我。宏碁的员工分红入股制度，为科技界带来了革命性的影响与发展，使得一流人才纷纷投靠到有分红入股的企业一展才华，利益与共。公司上市之前就让员工入股、分红，上市后采用先分红后入股，均是为员工利益最大化着想的产物。施振荣认为，这是造就宏碁的一大关键。

◇ 华为的虚拟股票期权

华为早在1990年就开始让员工持股。华为公司的一本册子里记录着约80000名员工的姓名、身份证号码以及其他个人信息。华为发言人表示，根据一项"员工股票期权计划"，册子中的员工持有公司约99%的股份。

但是，华为的股东并不是员工，而是华为投资控股有限公司工会委员会和唯一一个自然人股东——任正非。在公开的工商登记信息中：任正非拥有股权为1.01%，剩余98.99%全部由华为投资控股有限公司工会委员会持有。

华为员工的股份都是"虚拟股"，虚拟股持有人没有所有权、表决权，仅有收益权。

从本质上来说，这只是华为单方认可的员工股权，不是法律上员工具有所有权的股权，而是华为和员工通过契约方式约定的一种虚拟股权。其性质接近于限制性股票（restricted stock），也就是上市公司按照预先确定的条件授予激励对象一定数量的本公司股票，激励对象只有在工作年限或业绩目标符合股权激励计划规定条件情况下，才可出售限制性股票并从中获益。

这些虚拟受限股是华为投资控股有限公司工会委员会对员工的一种薪酬激励手段。

华为员工手中的股票与法律定义的股权不同，员工不是股东，工会才是股东，员工享有的只是某种意义上的合同利益，而非真正的股权，是一种激励手段。

企业利润分享计划是企业员工作为人力资本所有者和企业的物质资本所有者共同分享企业利润的一种分配模式。

实施利润分享计划，定期将一定比例的企业利润分配给企业员工，这种分配模式的特点是，企业员工只参与企业利润的分享，不承担企业的亏损和经营风险。企业根据盈余状况决定是否进行利润分享和分享的比例分配方法。

在实施企业利润分享制初期，能够与企业的物质资本所有者共同分享企业利润的主要者是企业的高层管理人员，以后才逐渐扩大到企业的一般员工。企业利润分享制是一种不完全的人力资本参与企业利润分配的模式，一方面，它体现了企业物质资本所有者对企业员工应拥有参与利润分配权益的承认；另一方面，在企业利润分享下，企业员工并没有成为真正意义上的企业所有者，也就是说，企业员工在一定条件下能够成为企业利润的分享者，但不是企业所有权的分享者。

◇ 谷歌公司的赠送股票计划

2006年，总部设在美国加州的谷歌公司希望通过给予公司股票来激励和留住员工。它给当年为公司做出杰出贡献的两个项目组成员发放了总价值1200万美元的公司股票。公司还计划每年以"创始人奖"的名义，向表现优秀的员工和团队赠送数量不菲的公司股票。谷歌公司的两位创始人谢尔盖·布林和拉里·佩奇说："'创始人奖'旨在以特殊方式嘉奖那些为公司做出特别大贡献的员工。该奖项的总原则是受嘉奖员工的某一行为为公司创造了巨大的价值。"

◇ 实施股权激励的原则

无论在古希腊、罗马时代强调的伦理经济，或是在现代资本主义强调的企业的社会责任时代，企业的活动必须严守"适当地利用资源""提供适当的信息"以及"合理地分享利润"三个标准。

其中"合理地分享利润"是指企业主与雇员之间的利润的分享，通常企业主与受雇者之利润分享，就是以分红、入股及分红入股的方式进行。

1. 战略导向性原则

股权激励的设计与企业的总体战略目标保持匹配，体现企业发展战略的需求，发挥股权激励对实现企业总体战略的引擎作用。企业战略目标有所调整或改变，股权激励计划也应做相应的调整。

2. 个性化原则

股权激励不是"一股就灵"。股权激励不是分一分股权，分多分少我定，拿个法律文书模板来修改一下，签个字就好了。殊不知，股权激励是极为个性化的方案，比如，不同的行业特性会产生两种不同的方案。

3. 合法性原则

企业为员工提供股权激励，要在法律框架内进行。

2016年8月，证监会颁布了《上市公司股权激励管理办法》。根据该管理办法，对于上市公司股权激励的模式、授予权益的价格、授予的程序以及其他方面都做了明确具体的规定。

对于非上市公司，包括股份有限公司和有限责任公司，方案本身的合法性需要注意，应该符合《中华人民共和国公司法》《中华人民共和国合同法》和《中华人民共和国劳动法》的有关规定。任何企业实施股权激励计划时，都应该严格遵守国家关于股权激励、股份支付的财税方面的法律、法规。

第 9 章

员工福利

　　员工福利（employee benefits）又称为附加福利（fringe benefits）、额外补贴，是指在工资以外对员工的报酬。不同于工资、薪酬及奖励，福利通常与员工的绩效无关，它是一种提升员工福祉、促进企业发展的管理策略。

　　美国薪酬管理专家米尔科维奇认为员工福利有两个显著特点：

　　·它是总报酬的一部分。若缺少福利，整个薪酬体系就不会完整。

　　·它不是按工作时间支付薪酬的。基本薪酬、变动薪酬都会与时间联系在一起，福利却不是。员工福利是薪酬激励的重要组成部分。

· · ●

◇ 员工福利的由来与发展

员工福利雏形可以追溯到19世纪。最初，它是政府强迫企业来履行的义务。

19世纪的"铁血宰相"俾斯麦作为当时的政府首脑，认为强化工人福利对德国的社会稳定有利，在全世界第一次以立法的形式来推行工人保障。

欧洲和北美的一些国家也纷纷效仿，通过建立雇佣标准（employment standards）和事故赔偿立法（accident compensation legislation）来规定企业应为雇员的福利承担更多的责任。

19世纪末期，一些雇主开始主动为雇员及雇员家庭的福利状况承担更多的责任，一些雇主甚至为员工提供住房和生活必需品。

进入20世纪后，英国效仿德国于1906年颁布了《工人补偿法》，1908年颁布了《老年年金法》，1911年制定了全面综合的《国民保险法》。

在美国，20世纪30年代的经济大萧条促成了 1935年《社会保障法》的颁布。该法规定了失业保险计划、老年、基本生活和伤残保险计划以及医疗保险计划等，对后来法定福利的发展产生历史性的指导作用。

1941年，当时世界正处于第二次世界大战最困难的时期，美国联邦政府规定公司不允许增加员工的基本工资，但没有限制公司福利部分的开支。

战争状态下的不确定性，迫使许多公司采用增加福利的措施来招揽和留住人才。这催生了现代意义上的员工福利制度。

企业提供完善的福利措施，不但可以减少经营成本、降低流动率、维持劳资关系和谐，而且能提升企业形象，进而提升在人力资源市场上的竞争优势，在稳定人力资源的投资上会有相当大的帮助。

有些员工福利项目，如企业年金、企业补充医疗计划、员工持股计划、住房等，在某些程度上相当于给员工戴上了"黄金手铐"。因为它们已经成为员工离开企业时不得不考虑的机会成本。只有当跳槽后的收益能够覆盖这家企业所获得的以上福利成本时，员工才倾向于选择跳槽。所以，好的员工福利制度会使员工跳槽的成本大幅增加，也就为企业留住员工创造了条件。

◇ 我国的法定福利

法定福利主要包括养老保险、失业保险、医疗保险、工伤保险、生育保险五大险种以及住房公积金，各个国家在具体实施中有所不同，本节具体介绍我国的法定福利。

1. 失业保险

失业保险是指国家通过立法强制实行的，由用人单位、职工个人缴费及国家财政补贴等渠道筹集资金建立失业保险基金，对因失业而暂时中断生活来源的劳动者提供物质帮助的制度。它是社会保障体系的重要组成部分，是社会保险的主要项目之一。

在我国，失业人员须满足三个条件，方可申领失业保险：

·非因本人意愿中断就业；

·已办理失业登记，并有求职要求；

·按照规定参加失业保险，所在单位和本人已按照规定履行缴费义务满1年。

失业人员可享受到的失业保险待遇包括按月领取的失业保险金、领取失业保险金期间的医疗补助金、领取失业保险金期间的死亡人员的丧葬补助金及其供养的配偶、直系亲属的抚恤金。

失业保险金的领取时间由失业人员失业前所在用人单位和本人按照累计缴费时间决定，满1年不足5年的，最长不超过12个月；满5年不足10年的，最长不超过18个月；10年以上的，最长不超过24个月。重新就业后，再次失业的，缴费时间重新计算，领取失业保险金的期限与此时也应当领取而尚未领取的失业保险金的期限合并计算，最长不超过24个月。

对连续工作满1年的农民合同工，根据其工作时间长短支付一次性生活补助。

为降低企业成本，增强企业活力，根据《中华人民共和国社会保险法》（以下简称《社会保险法》）等有关规定，经国务院同意，从2016年5月1日起，失业保险总费率在2015年已降低1个百分点基础上可以阶段性降至1%~1.5%，其中个人费率不超过0.5%，降低费率的期限暂按两年执行。具体方案由各省（区、市）确定。

（3）风险分担，互助互济原则；

（4）个人不缴费原则；

（5）区别因工与非因工原则；

（6）经济赔偿与事故预防，职业病防治相结合原则；

（7）一次性补偿与长期补偿相结合原则；

（8）确定伤残和职业病等级原则；

（9）区别直接经济损失与间接经济损失原则；

（10）集中管理原则。

2010年12月20日，国务院第136次常务会议通过了《国务院关于修改〈工伤保险条例〉的决定》。扩大了上下班途中的工伤认定范围，同时还规定了除现行规定的机动车事故以外，职工在上下班途中受到非本人主要责任的非机动车交通事故或者城市轨道交通、客运轮渡、火车事故伤害，也应当认定为工伤。

4. 生育保险

生育保险（maternity insurance），是国家通过立法，在怀孕和分娩的妇女劳动者暂时中断劳动时，由国家和社会提供医疗服务、生育津贴和产假的一种社会保险制度，国家或社会对生育的职工给予必要的经济补偿和医疗保健的社会保险制度。

生育保险提供的生活保障和物质帮助通常由现金补助和实物供给两部分组成。现金补助主要是指给生育妇女发放的生育津贴。有些国家还包括一次性现金补助或家庭津贴。实物供给主要是指提供必要的医疗保障、医疗服务以及孕妇、婴儿需要的生活用品等。

《社会保险法》第五十三条规定："职工应当参加生育保险，由用人单位按照国家规定缴纳生育保险费，职工不缴纳生育保险费。"《社会保险法》第五十四条规定："用人单位已经缴纳生育保险的，其职工享受生育保险待遇；职工未就业配偶按照国家规定享受生育医疗费用待遇。所需资金从生育保险基金中支付。"上述规定说明我国生育保险的范围覆盖了所有用人单位及其职工，并且扩大到了用人单位职工的未就业配偶。但是，我国各个地区的生育保险覆盖范围也是有所区别的，具体覆盖范围以当地人力资源和社会保障局公布信息为准。

1994年12月4日，原劳动部颁布了《企业职工生育保险试行办法》，将生育保险的管理模式由用人单位管理逐步转变为实行社会统筹。

生育保险根据"以支定收，收支基本平衡"的原则筹集资金，由企业按照其工资总额的一定比例向社会保险经办机构缴纳生育保险费，建立生育保险资金。生育保险费的提取比例由当地人民政府根据计划内生育人数和生育津贴、生育医疗费用等项费用确定，并可根据费用支出情况适时调整，但最高不得超过工资总额的1%。企业缴纳的生育保险费用作为期间费用处理，列入企业管理费用。职工个人不缴纳生育保险费。

女职工生育期间的检查费、接生费、手术费、住院费和药费由生育保险基金支付。超出规定的医疗服务费和药费（含自费药品和营养药品的药费）由职工个人负担。

产假期间的生育津贴按照本企业上半年度职工月平均工资计发，由生育保险基金支付。

5. 养老保险

养老保险（endowment insurance），全称"社会基本养老保险"，是国家依据相关法律法规规定，为解决劳动者在达到国家规定的解除劳动义务的劳动年龄界限，或因年老丧失劳动能力退出劳动岗位后的基本生活而建立的一种社会保险制度。

我国的养老保险是社会保障制度的重要组成部分，是社会保险五大险种中最重要的险种之一。养老保险的目的是保障老年人的基本生活需求，为其提供稳定可靠的生活来源。

基本养老保险也称国家基本养老保险，它是指按国家统一政策强制实施的为保障广大离退休人员基本生活需要的一种养老保险制度。

在1991年实行养老保险制度改革以前，基本养老金也称退休金或退休费，是一种最主要的养老保险待遇。目前，按照国家对基本养老保险制度的总体思路，未来基本养老保险目标替代率确定为58.5%。由此可以看出，基本养老金的最主要目的在于保障广大退休人员的晚年生活。

我国的基本养老保险采用社会统筹与个人账户相结合的模式。这种基本养老保险制度是我国在世界上首创的一种新型的基本养老保险制度。这个制度在基本养老保险基金的筹集上 采用传统型的基本养老保险费用的筹集模式，即由国家、单位和个人共同负担；基本养老保险基金实行社会互济；在基本养老金的计发上采用结构式的计发办法，强调个人账户养老金的激励因素和劳动贡献差别。因此，该制度既吸收了传统型的养老保险制度的优点，又借鉴了个人账户模式的长处；既体现了传统意义上的社会保险的社会互济、分散风险、保障性强的特点，又强调了职工的自我保障意识和激励机制。

1997年，我国发布的《国务院关于建立统一的企业职工基本养老保险制度的决定》中对这种社会统筹和个人账户相结合的具体操作办法做了明确规定：

企业缴纳基本养老保险费（以下简称企业缴费）的比例，一般不得超过企业工资总额的 20%，具体比例由各省、自治区、直辖市人民政府确定，企业缴费部分按一定比例计入个人账户，其余部分缴纳社会统筹基金。个人缴纳基本养老保险费（以下简称个人缴费）的比例，1997年不低于本人缴纳工资的4%，以后每两年提高一个百分点。最终达到8%，全部纳入个人账户。

对于决定实施后参加的职工，个人缴费年限累计满15年的，退休后按月发给基本养老金。基本养老金由基础养老金和个人账户养老金组成。退休时的基础养老金月标准为省、自治区、直辖市或地（市）上年度职工月平均工资的20%，个人账户养老金月标准为本人账户储存额除以120。个人缴费年限累计不满15年的，退休后不享受基础养老金待遇（或者补足至 15年），其个人账户储存额一次支付给本人。

6. 住房公积金

住房公积金，是指国家机关、国有企业、城镇集体企业、外商投资企业、城镇私营企业及其他城镇企业、事业单位、民办非企业单位、社会团体及其在职职工缴存的长期住房储金。

在企业中可以享受住房公积金的条件有两个：必须是转正后的企业正式员工，人事档案关系已经调入公司。住房公积金的月缴纳存额为员工本人一年度月平均工资乘以员工住房公积金缴存比例。单位为职工缴存的住房公积金的月缴存额为职工本人上一年度月平均工资乘以单位住房公积金缴存比例。根据《住房公积金管理条例》，职工和单位住房公积金的缴存比例均不得低于职工上一年度月平均工资的5%；有条件的城市，可以适当提高缴存比例。具体缴存比例由住房公积金管理委员会拟定。

住房公积金具有以下特点：

（1）福利性，除职工缴存的住房公积金外，单位也要为职工缴纳一定的金额，而且住房公积金贷款的利率低于商业性贷款。

（2）强制性（政策性），单位不办理住房公积金缴存登记或者不为本单位职工设立住房公积金账户的，住房公积金管理中心有权利责令限期办理，逾期不办理的，可以按《住房公积金管理条例》的有关条款进行处罚，并可申请人民法院强制执行。

（3）返还性，职工离休、退休，或完全丧失劳动能力并与单位终止劳动关系，户口迁出或出境定居等，缴存的住房公积金将返还职工个人。

（4）保障性，建立职工住房公积金制度，为职工较快、较好地解决住房问题提供了保障。

（5）互助性，建立住房公积金制度能够有效地建立和形成有房职工帮助无房职工的机制和渠道，而住房公积金在资金方面为无房职工提供了帮助，体现了职工住房公积金的互助性。

◇ 补充报酬福利

补充报酬福利（supplement pay benefits），是指员工在非工作时间中获得的工资，它包括：带薪休假、病假、遣散费等。

1.带薪休假

有薪假期（Paid Time Off，PTO），是雇佣合约下的一种福利条款，保障雇员每年有一定的休息。通常的有薪假期有双休日、法定假日，以及每年的年假制度。带薪假期是大多国家法定的福利，单位在员工非工作日里，按工作日发放工资和福利的一种制度，如年假一般不少于5日。

（1）法定休假日。指法定的节日休假。在我国具体指元旦、春节、"五一"国际劳动节、端午节、国庆节和法律、法规规定的其他休假节日。

（2）公休假日。公休假日是指劳动者通常的周末休息时间。我国实行的是每周40小时工作制，所以劳动者每周可以享受2天的公休假日。

除以上假日外，企业一般也会根据具体情况向员工提供额外的假日，结合具体工作情况来安排休假日，休假日可能是为了某些特殊事件——婚丧假、育子假、探亲假等带薪假期或是无薪假期。

2.各种津贴

津贴（allowances）又叫津补贴，是指补偿劳动者在特殊条件下的劳动消耗及生活费额外支出的工资补充形式。常见的包括矿山井下津贴、高温津贴、野外矿工津贴、林区津贴、山区津贴、驻岛津贴、艰苦气象台站津贴、保健津贴、医疗卫生津贴等。

物价指数（price index）是一个衡量市场上物价总水平变动情况的指数。物价总水平上升，则意味着发生了通货膨胀；反之，物价总水平下降，则意味着通货紧缩，物价指数正是用来衡量经济中发生的通货膨胀或是通货紧缩的一个指标。

美国前总统里根还提出过一个痛苦指数（misery inder）的概念，这是里根在1980年参选演说中喊出的口号。里根将以失业率加上通膨率来陈述美国经济困境，并将这些指标加总，称之为"痛苦指数"。痛苦指数在某种程度上可概括反映民众的经济生活水平。

所以，一些企业还基于通货膨胀等因素的考量，给予员工生活费补贴、价格补贴也属于津贴。

3.裁员补贴

遣散费（redundancy payment），又叫裁员补贴。当雇主资遣员工时，其所付给被资遣员工之金钱或物质的补偿，即为遣散费。大多数管理者都希望雇员在打算离职的时候，至少提前一个月给他们一个通知。因此，如果企业想要解雇雇员，那么必须按照《中华人民共和国劳动合同法》第四十七条给予劳动者经济补偿。即按劳动者在本单位工作的年限，每满一年支付一个月工资的标准向劳动者支付。六个月以上不满一年的，按一年计算；不满六个月的，向劳动者支付半个月工资的经济补偿。

4. 退休

退休（retirement），是指根据国家有关规定，劳动者因年老或因工、因病致残，完全丧失劳动能力（或部分丧失劳动能力）而退出工作岗位。自2011年1月起，我国对个人提前退休取得的一次性补贴收入，按照"工资、薪金所得"项目征收个人所得税。

◇ 弹性福利计划

企业虽提供了许多福利，却不一定切合员工的需要，往往企业投入大量的心血，却不是员工所向往的福利方式。

企业也希望在现行有限的资源下，找出员工可较多选择、较多弹性应用的可能性，务期在不影响企业竞争力的前提下，尽量照顾到员工的需求，提升员工工作及生活质量，使人人乐在工作，强化组织的向心力。

1. 应运而生的弹性福利

福利是企业提供给员工的一种额外的工作报酬，其目的是体现企业对员工的关怀，塑造一种大家庭式的工作氛围。但是，众口难调，很多企业在向员工提供福利的过程中，发现不同群体的员工往往对福利项目的偏好不同，企业很难统一福利计划满足员工多样性的需求，也就无法有效提高员工的福利满意度，却付出了大量的成本。基于此，一些企业开始设计弹性化的福利制度。自助式福利计划（cafeteria benefit plan）或称弹性福利计划（flexible-benefit plan）应运而生。员工可以依照自己的需求，在公司控制总成本的情况下所提供的各种福利方案中，选择最能满足自己需求的福利。

弹性福利计划，是指容许员工从企业设立的各种福利中选择他们所喜欢的福利项目的福利计划。

弹性福利制是指组织提供一份福利菜单，福利菜单的内容选择由每一位员工参与，在一定的金额限制内，员工依照自己的需求和偏好可自由选择、组合，其中包含现金及指定福利在内的两项或两项以上的福利项目。所以，弹性福利计划又称柔性福利计划、菜单式福利，或自助餐式福利计划，是企业根据员工的具体需求，提供可选的多种福利项目，在核定的人均年度福利预算范围内，由员工根据本人及其家庭成员的需要，自主选择福利产品或产品组合的一种福利管理模式。

2. 弹性福利不会超出成本预算

弹性福利（flexible benefit），是指企业在确定对每个员工福利的投入（通常以积分形式体现）的前提下，由员工在福利菜单中选择适合自己的福利，它最重要的特色在于为员工提供了自由选择福利的权利，让员工依照个人或家庭的状况需要，以现金奖励、医疗保健或休闲度假等方式进行选择。对公司而言，所付出的是相同的成本，但对每位员工而言，却可以获得自己最满意的福利。

与传统福利计划相比，弹性福利计划最大的特点是其个性化，因此，弹性福利菜单的制订过程也非常强调员工的参与，如表9-1所示。国外某公司在制定福利菜单时，还特地成立了员工福利设计小组，这个小组由15名成员组成，除了2名是福利部门的代表外，其他13名都是自愿参加的员工（来自不同部门）。为了解大家的需求，这个小组还实施了角色扮演，希望从别人的角度来知道他人的需要，规划出大家认为最需要的福利。

事实上，实施弹性福利制的企业并不会让员工毫无限制地挑选福利措施，通常公司都会根据员工的职位等级、贡献等因素，来设定每一个员工所拥有的福利限额。而在福利菜单中所列出的福利项目都会附上一个金额，员工只能在自己的限额内购买喜欢的福利。

现在的员工对薪酬的需求与重视程度差异性越来越大，个人的需求也越来越不同，因此，每家公司都要有一套属于自己薪酬制度的配套措施，同时根据业务发展与运营策略，采取属于自己的运作方式。

表 9-1　实施弹性福利计划优缺点分析

优　点	缺　点
通过自由选择计划，使得员工可选择最适合自己需要的福利组合方案 一旦员工的需求发生了变化，可对组合方案做出相应的修改 由于参与度的提高，员工能更多地了解间接薪酬方案的构成 由于员工要亲自分配各个福利项目的购买金额，因此会全面地了解福利成本，对雇主给予的福利价值有真实的感觉，进而产生感激组织照顾与关怀员工之情 引入新的福利项目时，雇主的费用将会降低，因为并不是所有的员工都需要这种新的项目，它只是给员工提供了一个选择 由于员工获得了自主选择权，因此雇主就能更好地满足员工不断变化的需求 通过自助式福利计划的员工自选方式，可以确定照顾到员工的需要，提高福利的价值。此外，如果应用得当，这也将是一个培训员工自我管理的好机会 让员工有机会参与福利政策的策划和制定，可提高员工的满足感和成就感 员工常低估了福利的成本，用自助式福利可使员工体会公司提供各项福利背后所付出的金钱和心力 通过自助式福利的授权方式，可提供员工自主的空间，也象征着管理者对员工的信任 提升企业形象与企业竞争力	法定福利项目太多，产生公司高福利成本支出，以至于能弹性的福利选择项目相应减少 与固定的福利方案相比，花费的行政管理时间和管理费用增多 员工有可能会做出较差的选择，因此可能出现考虑不周的问题 由于员工只选择那些最可能使用的福利项目，因此雇主的成本会增加。例如，商业性保险费的增加，主要原因是低危险群员工较少选择一些特殊的保险项目，因而造成特殊保险项目参加人数的减少，使得雇主要多负担保费

◇ 案例：谷歌"豪华福利"的得与失

谷歌公司的福利以豪华著称，这也是很多人想加入谷歌的原因之一，其福利计划涵盖了员工生活的方方面面，包括免费理发、美食、医疗服务以及各种高科技清洗服务等。谷歌甚至还推出一项员工死亡福利。

谷歌人事主管 Laszlo Bock 表示："我们已经推出了一项谷歌员工死亡福利，这听起来不可思议，但的确是真的。"Bock 所说的员工死亡福利是指，如果谷歌员工去世，那么其配偶不仅可以在未来10年领到去世员工一半的薪水，还能获得去世员工的股权授予。此外，他们的未成年子女每月还能领取1000美元的生活费，直到19岁为止，如果子女是全职学生，那么可以享受这项福利直至23岁。这项福利对员工的工作期限没有限制，也就意味着谷歌的3.4万名员工都能享受到这项福利。

除了死亡福利外，谷歌的产假待遇也着实令其他公司的员工羡慕。

在谷歌，员工可以洗熨衣服、换油洗车、锻炼身体、参加有公司补贴的培训课程、身体放松按摩、学习多门外语、预订晚餐，以及免费体检。除此之外，如果员工购买混合动力汽车，谷歌将给予5000美元的补贴；如果员工帮助公司引进新人，可以获得2000美元的奖励；如果员工有了小孩，也可以获得500美元的补助。男性员工在孩子出生时可获得6周的带薪假期，女性员工的带薪产假长达

18周。

在所有福利中最重要的要数早上的班车了。《纽约时报》的报道就特别关注了谷歌的高科技豪华巴士系统，这套系统几乎覆盖了旧金山湾的大部分地区，正如一位交通专家所言，谷歌可能是世界上拥有私人运输系统规模最大的一家公司。很多美国企业都建有育婴房，谷歌则更进一步，在员工福利上的投入完全物有所值，因为可以大幅度降低行政支出。公司传递的信号是：来我们公司，努力工作，我们会尽力处理好你的日常事务。

这种豪华福利曾在2007年让微软公司位于华盛顿州雷德蒙德总部的员工们都对谷歌公司表露出向往之情，进而影响了 Windows Vista 的推出。

为此微软公司制定了一系列薪酬激励政策，来防止人才的流失，其中包括将股票报酬预算提高15%、提供教育和儿童保育福利等。由此可见，员工福利对雇员的吸引力。

但是由于经济周期的原因，在2008年夏初，谷歌改变日托政策，大幅增加日托费用，员工们纷纷表示不满。同年8月根据 Valleywag 的披露，谷歌已决定停止向员工提供免费的晚餐、下午茶。沃顿商学院的教授和福利专家认为："一旦你给了员工福利，再把它拿走就似乎是违反了你和员工之间签订的心理合约。"

正所谓"由奢入俭难"。如果连谷歌这样的公司都难以承受庞大的福利开销，那么企业在制订福利计划的时候，就不能不慎重。

W

第 10 章
个性化的薪酬激励系统

　　企业应根据管理人员、技术人员、销售人员的职级，确立"管理线""技术线""销售线"等个性化的薪酬体系，使得"人得其位，位得其人"，人人都有上升和成长空间，同时又不影响各安其职。

● ● ●

◇ 高管薪酬设计应注意什么

1.薪酬与能力是否匹配

很多高管在辞职时，对雇主最常说的理由是他们离开是为了"更好的机会"，这通常被理解为为了"更多的钱"。实际上，这确实意味着他们接到的工资报价高于他们现在的工资，但通常还有更深层的动机。

许多职业经理人都接到过人才猎头机构的电话，劝说他们去追求别的公司更为有利的位置，但他们通常拒绝了这些机会。为什么？因为他们对目前的工作非常满意。

那些确实接受这些邀请的职业经理人通常对一个或更多的关键方面不满意——发展前景、缺乏挑战或是与老板的关系不好。

我们将这些称为"催人多变因素"，因为它们将员工朝离开公司的方向推，而猎头的招聘电话则是促成员工采取行动的导火索。

主要的"催人多变因素"之一就是员工看不到工作表现和工资的联系。这出现在多数优秀员工身上，他们比别的员工更努力、效率更高、取得的成绩更好，但得到的却是同样比例的加薪或奖金。然而，在相反的情况下——当员工知道，如果他们获得更好的成果，他们就能得到相应的金钱奖励——他们受到激励，就会干劲十足，不会轻易离开。

2.年薪制与期权制设计

年薪制又称年工资收入制度，是指企业以年为计算单位，依据企业的生产经营规模和经营业绩，确定并支付员工薪酬的分配方式。主要用于公司经理、企业高级职员的收入发放，称为经营者年薪制。

从本质上说，年薪制就是委托人和代理人之间的一个动态合约，是双方通过博弈而实现的动态均衡，其目标对双方来说就是以最低的委托代理成本实现双方相对满意的委托代理收益，使双方的利益联系更多更紧密。

3. 金色降落伞

金色降落伞（golden parachute）实际上是一种特殊的雇佣契约，通常包括一笔为数可观的退职金和其他特殊恩惠。"金色"意味着补偿是丰厚的，"降落伞"则意味着高管可以在职位变动中平稳过渡。

一般来说，员工被迫离职时（不是由于自身的工作原因）可得到一大笔离职金，它能够促使管理层接受公司控制权变动，从而减少管理层与股东之间因此产生的利益冲突，以及管理层为抵制这种变动造成的交易成本。

◇ 一职一官，一官一职

韩非子关于如何用人曾有过精辟的论述。韩非子主张在选用主要领导问题上，要求一职一官。他认为，想要管理好朝廷以外的事，最好每个官职只设置一个官员。

　　一个鸟窝里如果有了力量相当的两只雄鸟，它们就会天天争斗；一个家庭里如果有两个当家人，那么，做事就难以决断。"一栖两雄""一家二贵"和"一职二官"也是同样的道理。

　　此外，一职多官，责、权不明确，必会互相扯皮，下属应有的潜力无法得以发挥。同时，一职多官，难以考核下属的个人业绩。而且，功过难分，这样，就难以激励下属建功立业的积极性。所以，对下属反对一职多官。如果每个职位只配置一名官员，那么，他的是非功过就会暴露无遗。一职一官，责任明确，从而功过分明。而功过分明，是落实准确赏惩制度的前提。

　　现代科学管理的代表人物之一法约尔在《工业管理与一般管理》中谈到"统一领导"这一管理原则时说："这项原则表明，对于力求达到同一目的的全部活动，只能有一个领导人和一项计划，这是统一行动、协调力量和一致努力的必要条件。人类社会和动物界一样，一个身体有两个脑袋，就是个怪物，就难以生存。"

　　在现实管理中，"一栖两难""一家二贵""一个身体有两个或多个脑袋"的怪现象，不胜枚举。在一个工厂中，除厂长外还有若干名副厂长。厂长和副厂长之间，又非上下级关系，而是同一班子的成员，一人有一票之权。这样的人事安排真是有百害而无一利。

　　（1）机构臃肿，管理层次增加，官僚作风盛行。在一个工厂中，常常是一个销售副厂长只管一个销售科，一个财务副厂长只管一个财务科，一个生产副厂长只管一个生产科，一个人事副厂长只管一个人事科，等等。

（2）同一管理层次上，官越多，纷争也越多。官多，必然关卡多、阻碍多，这样办事程序复杂，效率自然低下，而且在这些"官员"中，一旦有一人得了"肠梗阻"，"卡"一下，那么，再容易办的事也没法办成。

（3）官多必然争雄。好办的事，有名有利的事，人人争着揽。反之，有困难的事，无利可图的事，有风险的事，尤其是风险大的事，就互相推诿，互相踢皮球，谁也不想染指，更不愿负责。

◇ 企业中层职业规划与个人成长

中层管理人员的薪酬体系，宜实行与业绩相关联的等级工资和绩效工资制度。同时还要为他们提供学习、培训、进修等机会，这些虽然是隐形福利，但却深受中层管理人员的喜爱。

很多企业中层离职的一个原因在于看不到发展前途。请注意，"看不到"并不代表不存在，或者存在一个"玻璃天花板"。

然而，许多大公司仍沿用的做法是，公司高层人士一直在计划人员接替之事，但这些计划被视为头等机密。

凯瑟琳是一位32岁的单身女性，一位资深金融工作者。她经常出差，所以积累了丰富的专业经验。她没有自己的房子，无牵无挂，工作非常出色。在纽约一家银行工作的她曾跟随团队到一个实行市场化的发展中国家，为当地政府提供经济战略方面的咨询。她的所有老板都喜欢她。她工作任劳任怨，且能够及时汇报情况。他们每年见她只有两三次，总是在她吃午饭和进行工作汇报时，而且总是在大股东们喜欢的那种有木雕装饰的俱乐部里。她甚至以抽大雪茄而出名！他们都知道的是：凯瑟琳工作很出色，她的"家"是她父母在波士顿的房子，在那里她只有一些零碎的日常用品。

他们不知道（因为他们从未问过，或从未想到去问）凯瑟琳还有一个秘密，一个保守了很长时间的秘密。在自由来去的生活中，她曾为自己目睹的一些场景而深深震撼。贫穷、满怀希望和无法实现抱负的人们以及尝试把事情做好但却被阻止的年轻人。

我们都知道，我们都在经历生活的变化，而且还会经历比以往更多的变化。经过8年的四处奔波，在没有个人支出的情况下（包括住房和生活支出），她积攒了一笔数目可观的钱，对于一个单身女子而言，这些钱足够她生活很多年。她非常喜欢电影，尤其是独立摄影。

在银行毫不知情的情况下（因为他们对她工作之外的事情从未表现过什么兴趣），她利用4年中的所有假期在伦敦的一所电影学院学习（这是她唯一的"奢侈"行为），现在她已经是一位羽翼丰满的电影导演。不仅如此，通过个人关系，她在一家影视机构谋得一份工作，薪水很少，但她不在乎。

凯瑟琳辞去了银行的工作，去寻找另外一种生活，如果不是名望和幸福，那至少是个人满足和挑战。她的目标是记录一些发展中国家的奋斗经历，以使那些国家的人们开阔眼界，提高自己的境界。

银行大吃一惊。这位他们看上去思想单纯、目标单一、工作第一、无牵无挂的骨干走了。他们试图留住她吗？当然。他们答应给她更多钱吗？当然，多得她绝对不会认为是个小数目。但是这样做无济于事。

一个优秀员工就这样流失了，她去做自己感兴趣的事情了。

如果银行够聪明，就不会让事情发展到这一步。如果银行高层管理者没那么以自我为中心，给她一个关于未来的远景规划，或者告诉她事业将如何发展，她很可能还会留在那儿。

事实上完全可以向"有发展潜力的人选"讲明这些计划，激励他们，让他们知道公司看好他们未来的发展。因为如果员工感觉不到发展或提升的机会，即使这些机会确实存在，从比较实际的角度来看，也就等于不存在。

通常出现的场景是，当员工向经理提出辞职时，经理会说："我感到很惊奇，很失望。我对你已有安排了。"这种情况经常发生，是因为员工和雇主没有想到应安排他们面谈，讨论该员工的事业发展方案和机会。

在各种规模的公司里，特别是在那些正在发展的公司里，都能找到隐藏的机会。但当员工不满意时，最常见的做法是干脆在外面寻找机会，而不是先在公司内部找机会。内部变动工作的好处是比较容易实现，但在最新的工作市场里，可供选择的工作可能非常诱人，难以拒绝。经理如果没有询问员工的事业目标，没有告诉他们公司对他们的工作有何规划，也没有与他们开展有关他们事业发展的对话，这就是管理层的过错。

◇ 技术人员的薪酬设计要点

除了设计"技术线"的薪酬体系外，与普通员工相比，技术人员更看重继续教育和接受培训的机会，这也是由他们的工作特点所决定的。因此，企业往往会选择向技术人员提供更多的学习机会作为他们的福利。

1. 人才流动为常态

某大公司的董事长任先生对此有着深深的感触。

当初，任先生爱才心切，大胆地起用天才少年C君为研发部一把手。任先生更是将C君视为干儿子，挑起经营重担。然而，毫无瑕疵的外衣并不是整体完美的证明。

C君虽被任先生视为左膀右臂，然而其个性却引起公司其他员工的不满，甚至在彼此较劲的心态中分化了整体的团结力与作战力。

更严重的是，"利"字当头竟是C君的行事风格。在取得充分信任后，C君反而在一些财团的厚利诱惑下，不仅带走了公司的经营机密，还带走了一批人，另起炉灶，在极短的时间内成为公司的主要竞争者。

任先生这种商界老兵尚且会遇到这种难题，何况普通的老板？

但是，你因噎废食、裹足不前，就能获得忠诚吗？

再平庸的员工也有攀高枝的心，没离开你，是因为没遇到好机会而已。既然员工忠诚度不可强求，那还不如培养精英。

反过来想，如果企业高速增长，你会留住那些陪公司走过草创期，但效能低下，还拖了整个团队后腿的雇员吗？你会给他多久的观察期呢？

坊间存在一种给雇员洗脑的书，有的领导者读多了，连自己都信了。

说一千，道一万，最终留住员工的核心原则只有一个：市场。

2. 重物轻人不可取

有史以来，人力资本的生产一直都在以不同的方式进行着。比如，父亲或师傅是熟练的工匠、猎人或农夫，孩子就跟着他们做学徒。就连残忍的奴隶贩子也在生产人力资本——他们为角斗士提供特殊的食物和体格训练，目的是向罗马军阀卖个好价钱。

不少民营企业都明确表示需要的是录取后就能用的人才，基本不会进行员工培养和培训。

几乎所有的管理者都会在做报告或演讲时强调，他们的员工是他们最重要的资产。没有人反对他们的观点，但问题是这些观点是否在被付诸实践。

看看我们的资产负债表便可一目了然。公司的资产负债表上只显示诸如土地、建筑物、厂房、机器、家具、设备、电脑、库存以及应收款项等类可以用纯会计学术语表示的资产，而对人的问题只字不提。

有些公司津津乐道的只是设备的拥有和配置，或者位于CBD的豪华办公室，好像只有这些才代表着实力。

其实，即使最先进的设备，几年以后也会被时代淘汰，只能卖废品。

核心员工是企业活动中无可替代的资源，往往一两个尖子人才的水平就决定了一个公司在行业中的位置。

有很多这样的公司，宁愿花费上千万元购买一台高科技机器，也不愿花几十万元培训操作和推销这台机器的员工。他们没有认识到，且不说别的因素，仅是由于机器无形磨损的存在，即使保养得再好，也是一种不断贬值的资产。

3. 用B级人做A级事

人是企业最大的资产，但换个角度来看，人也是企业最大的问题所在。尤其对经营者来说，用人的标准是什么？

以IT业为例，员工总体平均年龄都很小。面对青春洋溢的员工，可谓让人欢喜让人忧。喜的是年轻人冲劲足，没包袱，且可塑性高；忧的则是所谓"嘴上无毛，办事不牢"，如此年轻的成员是否能承担重任呢？

为克服这一难题，某企业领导运用了"用B级人做A级事"的方法，来突破年龄与经验的限制。

所谓用B级人做A级事，就是破格提拔经验虽不足但有心向上的员工，让他们担当更重要的职务。

虽然用B级人做A级事，初期也许最高极限仅能达到79分，然而如果用A级人做B级事，也许能达到85分，其间差仅有6分，但就投入资源而言，用B级人的代价仅为60分，而用A级人的代价可能为90分，其间所节省的代价30分则远超过6分之差距。因此，就资源的利用性来说，能达到以小博大之效。

另外，每个人都希望被重视，且人都是有潜力的。因此，除了节省资源外，激励B级人全力以赴则是另一个重点。因为，对B级人来说，要想完成A级任务，最重要的就是全身心地投入。所以，在不断的磨炼与挑战中，就会产生如电脑芯片般的"老化效果——稳定性与成熟性能在最短的时间内完成"。如此一来，不仅员工能快速成长，且在不断挑战中，假以时日，B级人将成为A级人。对企业而言，也是一举两得。

不要让员工习惯于在一个固定的模式下作战，而要让员工习惯于在最艰苦的环境下生存，才是企业用人的诀窍所在。

◇ 销售人员的薪酬设计要点

销售人员的薪酬体系，既有别于"管理线"阶层，也有别于专业技术人员的"技术线"。

销售人员岗位的最大特点是工作时间不确定，所以，罕有企业会给销售人员加班费。销售工作业绩不稳定，受外在因素的影响较大。还有就是销售工作业绩可以直接衡量。销售人员每日、每月或每季度、每年的销售量、销售额，可以在短期内体现出来，业绩指标具体且明确。

因此，企业设计销售人员的薪酬时，为吸引、激励和保留优秀的销售人员，一定要充分考虑到这些特点，既体现销售业绩，又考虑非人为因素的影响；既引导销售人员重视销售结果，又促使其关注销售过程。科学合理地给予销售人员应得的薪酬。

销售人员薪酬方案主要有以下3种模式：

（1）纯薪金模式。这种模式的优缺点很容易理解，在此不再赘述。

（2）纯佣金模式。纯佣金模式的优点在于，将收入与绩效挂钩，激励作用明显。缺点是，销售人员收入不稳定，缺乏安全感，不利于销售人员对企业的忠诚感和归属感，很容易形成"雇佣军"思想。尤其是一家销售驱动型公司，绝对不能有雇佣兵思维。

（3）综合模式。马基雅维利在《君主论》里一再强调，国家的安全不可能通过依靠雇佣兵来实现，而一定要有一支属于自己的常备部队。

如果把企业的正式雇员比喻为常备部队，那么业务外包的企业则是雇佣兵。

比如你创办一个网购品牌，那么视觉呈现是成交的决定性因素，美工则很关键。一开始，你可以把美工外包给设计公司。但同时一定要培养自己的美工团队。

这支设计师团队的水平会慢慢提高，并且日益精进。如果一直外包，就难以实现这种提升。

外包的东西永远是80分，他们没想过必须用100分回报你，他们还有很多别的客户需要服务。你想实现所需要的"独特调性"，也不是不可以，但你付出的代价要远远超过培养自己的团队。

雇佣兵的历史可以追溯至古罗马时代。罗马帝国后期，古罗马的整个国防几乎被蛮族雇佣兵完全承包。

欧洲中世纪后期，由于采邑兵役制崩溃，兵源稀缺，领主们转而开始大量使用雇佣兵。雇佣兵团的英文是"Free Company"，直译过来是自由公司。这充分说明雇佣兵团就是以杀戮为主营业务的私营企业。

一些雇佣兵也形成了自己的品牌。比如法国国王只认准瑞士兵，把由瑞士山民所组成的兵团作为法军主力部队使用。

到了近现代，雇佣兵更加制度化、正规化，法国、西班牙创立了自己的外籍兵团，英国成建制招募战斗剽悍的廓尔喀人，沙俄则干脆把哥萨克当作国防基干力量。

雇佣兵本质上是职业军人，就是以打仗为生的，不同于常规军事力量，雇佣兵的定位就是军事外包公司。

从经济上考量，雇佣兵召之即来挥之即去，可以减少国防开支。然而，小规模战斗雇佣兵还可以应对，但面对真正的战争，雇佣兵是昂贵且不忠诚的。

有时候，聘请雇佣兵作战，等于引狼入室，他们会反噬雇主，鸠占鹊巢。

1994年，在互联网兴起之初，斯坦福大学毕业生杨致远创办了雅虎。

2000年，雅虎是互联网的王者。当时雅虎是全球流量最大的网站，而市值则达到250亿美元。

雅虎并非从技术起家。该公司最初的服务来自人工编辑。

同样斯坦福大学毕业的拉里·佩奇（Larry Page）和谢尔盖·布林（Sergey Brin）对谷歌采取了不同的发展方式。他们开发了复杂的软件算法，"抓取"互联网网站，以收集内容。这是一种完全自动化的方法，迅速超过了雅虎的人工编目方法。

2000年，雅虎将搜索业务外包给了谷歌，在雅虎网站上使用谷歌的搜索技术。

雅虎本来是互联网的入口，以搜索闻名于世。由于将搜索业务外包，最终被谷歌反超。

马基雅维利总结出，别国援军和雇佣军是靠不住的，只有建立君主自己的军队，国家才能稳定掌握在君主手中。首先，依靠别国援军形同引狼入室，很不安全；其次，雇佣军往往为了金钱利益才组建在一起，很容易出现懒散不用心打仗的情况。

所以，对于一家销售驱动型公司，最好的方案是采取"基本薪酬+佣金+奖金"模式。

这种薪酬模式的构成成分多，可调控的变量也多，运用起来比较灵活，但同时，它在管理和运用的时候会比较复杂，从而提高了薪酬管理的成本，而且各项构成的累加会使支付成本刚性增加。

◇ 通过岗位设计提升绩效

如果一个人能长期愉悦地在自己的岗位上发挥所长，那么这个职位的设计就是合理的。如果一个人被安放到一个职位上，他必须通过升迁才能获得满足，那么这个职位设计就是不合理的。一个机构如果以升迁为奖励，那实在是危险不过的事。因为所谓晋升，通常仅有少数人能够享有，大多数人必将失望。因此，以晋升为激励的职位设计绝不是好的职位设计。

1. 岗位设计不宜强调"升迁"

管理职位的设计，注意的重点应该是"该职位"，而不该是"另一个更高的职位"。

事实上，已故管理学宗师彼得·德鲁克对此早有洞见。以下论述可谓字字珠玑：

·以"升迁"为激励的职位设计绝不是好的职位设计——无论是待遇结构的"升迁"，赏识拔擢的"升迁"，还是管理人才能发展的"升迁"，莫不如此。

·管理职位的设计，注意的重点应该是"该职位"，而不该是"另一个更高的职位"。

·一个机构如果员工升迁得太快，只要有一点什么成就便以升迁为奖励，实在是危险不过的事。

·等到"升迁的热潮"升到顶点了，整个工作群体便将受到挫折和失望了。

升迁快的人，没有升达高阶层，必将发现自己仅能够"追随高层诸公"之后，而"高层诸公"也并没有什么了不起，只不过是早几年进入公司服务而已。而另一些不幸刚在"升迁热潮"高达顶点前后进入公司的"后辈"，也必将期望自己能够像他们的"前辈"一样迅速升迁，那必然会归于失望。

职位设计不宜强调"升迁"，还有另外一个理由。职位以升迁为重点，将造成年龄结构的不平衡。年龄结构倾向于年轻人或年老人，都将导致组织上的严重紊乱。须知一个管理结构，少不了应具有"连续性"及"新陈代谢性"的条件。管理结构之所以需要"连续性"，是为了防止有一天公司不得不将大量的富有经验但年事已高的管理者全部换成新人。管理结构之所以需要有"新陈代谢"，则是为了吸取新的观念，为了增加新的面孔。因此一个群体年龄相同的管理团队，无疑是一个走向危机的管理团队。但是，如果真是大家年龄相同，则大家都年轻反倒不如大家都年老：危机总是要来到的，大家都年老，则危机可以来得较早，去得也较快。

2. 盲目提拔引起的人才错位

"宰相必起于州郡，猛将必发于卒伍。"这是韩非子的告诫，也是自古以来选拔人才的金科玉律。把基层实践经验作为选拔干部的重要条件，无疑是非常正确的。但是，韩非子只说出了真相的一半。

"宰相""猛将"的提拔依据到底应是什么？应该是他们在长期实践中所表现出来的特殊禀赋、才干和潜力；而不是他们在基层的"政绩"或在战场上的杀敌枭首数字。

干部的遴选，除了必须有韩非子所说的基层经验，还必须同时满足另外一个条件——具备管理素质。

事实上，并不是所有在基层有成绩的人都具有管理素质，也不是所有把基层工作做得好的成员都适合"当官"。

美国名将高文为人热诚、不拘小节，言谈爽快风趣，蔑视一切繁文缛节，再加上过人的胆识，使他成为麾下兵士们的偶像，因而领导手下打了多场漂亮的胜仗。

之后高文将军被提拔为战地指挥官，他所面对的不再是普通的士兵，而是政客和军方的高级将领。

然而，高文将军既不遵守必要的交际礼仪，也无法适应传统的客套和谄媚。他经常和高官政要发生争吵，然后窝在指挥部里一连好几天酗酒、发脾气。于是，军队的指挥权渐渐旁落到部属手中，高文将军也晋升到了他无法胜任的职位。

一些跨国公司意识到了这个问题，在优秀的技术人员担任管理职位之前，必须接受一定的工商管理教育。

许多高层领导者容易产生一种似是而非的观念：把晋升与提拔作为对部属能力肯定与奖励的最好形式，只要基层成员取得一点绩效，就给予晋升提拔。

晚清，军备废弛。一个重要原因在于没有懂得现代战争的将帅。比如著名的北洋水师，许多军官余勇可贾，但他们多是陆军出身，根本不懂如何指挥海战。

这些陆军出身的将领是因为军功而被提拔，却不具备海军军官所必需的特殊禀赋、才干和潜力。这种不依靠实用价值评价提拔任用的军官对海战不甚了了，与完全按西方模式组织和训练的日军对垒，当然难以取胜。

任何一个管理职位，均必须是一大挑战，也必须是一大激励。如果说一项职位的设计，只有期望晋升才能带给当事人以满足，则此职位毫无意义。

3. 不胜任才是常态

在这个复杂的社会里，面对太多的不胜任，多数人也只能无可奈何地摇头苦笑而已。

不胜任是如此之普遍，我们已能顺其自然、见怪不怪。但是，这些现象却引起了美国的组织行为学专家劳伦斯·彼德的兴趣。

彼德先生从多年的研究观察中发现，现行的组织结构大多是层级式的组织，从一开始就肯定了其成员有高低之别。这种身份上的歧视使得组织中的每一个成员都想拼命往上爬，以逃离基层。而组织结构的领导者也利用晋升来作为部属努力工作的"报酬"，鼓励组织结构中的成员"往上爬"。

在这种结构与心态下，"往上爬"成为人人追求的目标，能力的发挥与人格的发展反而被忽略。

有一位军官，为人不拘小节，深受部属爱戴。当他因此晋升时，他的不拘小节反而成为高层同僚厌恶的根源。

有一位工程师喜爱钻研，总是不断发明新的技术。当他因此晋升为经理时，他已经沦为一位技术官僚，再也没有精力去做真正喜爱的科研工作，不得不从事自己并不胜任的管理工作。

一些刻板守纪的学生，在学校往往被评为优等生。当他们因此被一些机构聘用时，却难以胜任需要创意的工作。

在观察了人们的不胜任行为多年后，彼德博士归纳出他的彼德原理：在一个层级组织中，每个员工都趋向于晋升到他所不能胜任的地位。彼德博士进而预言，假设给予足够时间，并假设层级组织中有足够的阶层，那么每个员工都将到达并停留在他的不胜任阶层。这个预言像一个诅咒，每一个与层级组织相关的人都值得警醒。

彼德原理指出，所有的职位终将被不胜任者所占据。

一个能干的业务代表，被晋升为业务经理后，其能力不足以计划销售工作，才德不足以领导部属，手段不足以协调部属的纷争，其结果可想而知——把业务部门搞得一团糟。

一个工作认真、技术纯熟的工人，如果晋升为领班，很可能会因为缺乏管理经验与能力而手忙脚乱。

既然如此，层级组织真的就一无是处吗？进取的价值观是错的吗？推动社会发展的动力又是什么呢？我们真的在劫难逃吗？

为什么彼德特别声明自己的发现是"原理"，而不是"定律"呢？

这是因为在英语里，原理和定律是两个不同的概念。

原理（principle）表示具有普遍意义的最基本的规律。

定律（law）是反映事物在一定客观条件下发展变化的客观规律。

所以，彼德原理不是举世皆然，一成不变，也并非在所难免。

事实上，没有层级组织，我们将陷入更大的无能；锐意进取，仍将是普世价值。

对于企业领导者，如何使员工避免走入这种"不胜任"的死胡同，如何引导员工安于其位而尽其所能，应该是管理上一个相当迫切的主题。

4. 用岗位设计提升效率

岗位设计的目的是长时间留住具有特殊技能的员工。仔细斟酌什么样的人才需要什么样的工作岗位配合。

让我们再看看美国UPS公司的做法。UPS认为司机是他们的关键员工。寻找、考察和培训一个合格的司机是消耗时间和成本的过程，而司机也需要几个月的时间来熟悉路线的细节。当UPS研究司机离职的原因时发现，司机由于装卸货物而筋疲力尽，于是立即聘用专人负责装卸货物，结果司机流失率显著下降。

员工职责除了符合基本需要外，也需符合个人特点。美国宝信保险公司正在实施这样的项目，公司提供了各种各样的工具来迎合员工各自的兴趣、价值观和技能，并且鼓励经理们把报酬、收益和任务与员工的个人需要相比较，看是否相配。

◇ 将职衔与职级分开

很多公司都有用头衔作奖品的文化。职位头衔可以作为一个虚衔，但不要和薪酬的职位等级挂钩。

职衔用来作为一项奖励，会使在职者没什么可做而无责可尽。

1864 年，李秀成被清军抓获后留下了长长的自述，他在自述中罗列了太平天国运动失败的十大失误，其中有四个失误涉及选拔、任用、考核官吏的政务，更是着重强调："误封王太多，此之大误！"

1861 年春天，太平天国的封王只有十几个。后来则越封越多，到天京失陷前太平天国的封王达到了惊人的 2700 多人。太平天国滥封王爵，破坏了论功行赏的原则，最终导致了太平天国内部的混乱和军队战斗力的下降，从而加速了太平天国的灭亡。

以美国及德国的商业银行为例。在美国，商业银行中每个人都该是"副总裁"，至少也该是"行员"。在德国，几乎人人都该是"经理"。当然，商业银行之所以如此，有其必然理由。银行的客户，例如一家中小企业的主持人，如果对方不是一位"行员"，便不肯将他的财务问题提出来讨论。可是这样一来，种种问题都发生了。银行里许多不常与客户接触的人员得不到这项"职衔"，也会不满意。而得到此"职衔"的人，年纪轻轻，看见自己已经升到了顶点，今后漫长的时间在行里将升无可升，自然也将增大其不满。

为什么职衔常被滥用：一个原因是机构有其传统，常利用职衔来表示在职人的职级（例如所谓"市场研究经理"）；另一个原因是由于薪资范围太窄，某人工作有了绩效，除非给他另一个更高的职衔，否则便无法给他较高的待遇；最后这是企业机构的一项传统上的限制，使人不易于升达某些管理职位，因此，倘若有人在某方面极具经验和成果，便需要为他"发明"一个职衔。例如一位资深采购员，便不妨称为"物料计划协调主任"，这听起来很像是一种管理职位的职衔，但是他的工作却未变，与过去完全相同。

因此，我们应该记住一条规则：谁有第一流的工作，便给谁第一流的待遇，但是他的职衔，除非他的职能变了，地位变了，责任变了，否则不宜轻易变动。

诚然，职衔足以鼓舞人的期望，但却不能充分代表当事人的层级与责任。不提高当事人的层级与责任，就给予其职衔，终将造成困扰。

在层级组织的职位设计上，我们要避免一味拿职位当"奖品"。激励与肯定员工的手段有很多，比如物质激励、精神激励、旅游休假等都是不错的选择。有的企业喜欢随便给员工经理、副总之类的头衔，从短期来看，这是一种相当便捷、有效的激励手段，但是从长远看，组织将为此付出代价。

但这种乱送职衔的现象蔚然成风，也不是没办法克服其弊端。

阿里巴巴集团采用的策略是，将职衔和职级分开，所以在公司内部大部分人并不在意职衔，比如大家经常提到的经理、总监等，阿里提到的很少，只是为了对外开展业务，可能给自己挂个项目经理、总监的职衔，你收到一张名片上面写着××副总经理，但是其实可能是一个 P7 等级的专家。

◇ 警惕"守寡式职位"

大约在1850年代，轮船问世不久，正是航海的黄金时代，而几乎每一家航行公司都出现了"守寡式的职位"。

当航船发生致命事故或问题时，公司不是对船进行改造，而是撤换船长。

但是，每个船长往往都因为解决不了致命的"失职"问题又被撤职。于是，在船长的职位上便总是"死去"船长。这个职位就像一个寡妇了。

终于有一位精明的船主放弃了这个做法。他深切地知道：再这样下去，他必将有一天会根本没有船长。

"守寡式职位"就是这个职位本身设计存在缺陷，使得任何人踏上这个职位都免不了失败的结局。

许多公司都有这样的职位。往往是一位干练人才，只要担任了这一职位，便莫名其妙地倒下去。这种"守寡式职位"看起来头头是道，职务结构似乎很是合理，似乎应该是能够好好地干下去的——可是谁都干不了。

因此，假如说某一个职位，前后有两位在职人员都倒下去了，而他们过去在其他职位上都干得有声有色，那么此一职位便该检讨了。

还有一些公司喜欢参考同行或者更大公司的组织架构，模仿这些公司设计职位，最终由于"水土不服"，导致"守寡式职位"的产生。这并不是职位上的人的问题，而是因为这个职位本身的设计有问题。

一些快消品公司也有类似情况。

美国宝洁公司就是一个典型的例子。这些公司都设有一个"营销经理"，还设有一个"销售与广告经理"。

按理说，销售和广告本是营销业务的一部分，因而这两个职位应该合而为一才对。

可是，许多公司都知道这两个职位不能合并，因为合并后会产生冲突。

从事营销工作的人有句口头禅："营销就是要让销售变得多余。"

其实，营销的着力点在于商品，而销售的着力点在于顾客。

两者同等重要，只是目的不同，故须"兄弟登山，各自努力"才好。

设置一个"守寡式职位"，通常是偶然因素造成的结果。也许偶然有那么一位经理，既懂营销，又懂销售，于是便设置了这样一个职位，而且做得有声有色。

这个看起来很合理的职位，原来是由于偶然有了这样一个适当的人选而设计的，而非由于真正的职能上的必要。

相关术语表

A

■代理理论（Agency Theory）

代理理论指出公司系由委托人（principal）与代理人（agent）两部分所组成，其中委托人提供资本赚取公司利润，而代理人则提供劳务，换得薪酬报酬。这一理论后来发展成为契约成本理论（contracting cost theory）。

■年度调薪（Anniversary Review）

年度调薪是根据员工到职月份调薪，个人因到职月份的不同，使用该年度的预算也不同。比如，某员工在2020年10月到职，则该员工的年度调薪检讨日期则在2021年10月。

B

■基本工资（Basic Wages）

劳动者基本工资是根据劳动合同约定或国家及企业规章制度规定的工资标准计算的工资，也称标准工资。一般情况下，基本工资是职工劳动报酬的主要部分。通过加班所得的工资不计入。

■福利（Benefit）

福利是员工的间接报酬。一般包括健康保险、带薪假期、过节礼物和退休金等形式。这些奖励作为企业成员福利的一部分，奖给职工个人或者员工小组。

■奖金、红利（Bonus）

奖金、红利是指以一次性方式支付的报酬，它具有激励员工之工作努力或成果的奖赏。这种报酬并不成为员工固定薪酬的一部分。

■扁平薪酬结构（Broadbanding Pay Structure）

扁平薪酬结构，又称为"扁平宽幅薪酬结构"，是一种新的薪酬哲学，是将众多不同的薪酬类别减少至几个宽广的薪酬带的基本薪酬结构。

C

■普通股股票（Common Stocks）

普通股股票即公开发行公司所有权的单位，持有人有权投票选举董监事，有在董事会上投票的权利，并领取股利。

■薪酬均衡指标（Compa-ratio）

它是Comparative Ratio的简写，在绩效考核与薪酬管理中，它是用来评估员工薪酬水平竞争力的公式之一。薪酬均衡指标是公司支付给员工的薪资与其他公司类似职位的市场中点的比较。薪酬均衡指标=企业支付的薪资÷市场平均薪资×100。

■薪酬因素（Compensable Factor）

薪酬因素是指用来认定有价值的工作特征，企业依据这些特征来确定某一职位的工资水平。一个特定工作拥有这些薪酬因素的程度即决定了它的相对价值。它是组织任务在多种不同的职位中包括的一些对其有价值的特征，这些特征有助于组织战略的实现。

■薪酬（Compensation）

薪酬所涵盖内容已经越来越丰富，它既包括直接以现金形式支付的工资（如基本工资、绩效工资、激励工资、物价津贴等），也包括通过福利和服务（如养老金、医疗保险、带薪休假等）等非现金形式支付的部分。

■薪酬委员会（Compensation Committee）

薪酬委员会是公司董事会中的专门委员会，主要负责对公司高级管理人员的薪酬政策与体系设计提出建议，具体审查一般管理人员的薪酬结构与水平，制订管理人员奖金、期权等激励方案。

■薪酬体系（Compensation Reward System）

薪酬体系又叫薪酬系统，是指薪酬的构成和分配方式，即一个人的工作报酬由哪几部分构成。一般而言，员工的薪酬包括基本薪酬（即本薪）、奖金、津贴、福利四大部分。

■技能工资（Competency-based Pay）

技能工资又叫能力计酬，是指根据员工所表现的专业给予薪酬之制度。

■核心能力 (Core Competence)

核心能力是公司为了企业实施中长期营运战略，全体员工均需表现的知识、技能、行为与特质。因此，企业中、长期发展战略就成为建构核心能力的主要依据。

D

■固定收益计划 (Defined Benefit Plan)

固定收益计划又叫固定福利计划，是雇主赞助的退休计划的一种。在固定福利计划中，福利由一个公式确定，该公式表明雇员退休后将获得的金额。福利金额通常基于许多因素，包括雇员退休前的平均工资、退休时的年龄以及工作年限。福利金额可以是特定的金额或薪酬百分比。

■养老金固定缴款计划 (Defined Contribution Plan)

养老金固定缴款计划是一种养老金计划，通常由雇主和雇员共同缴费，每年缴费金额事先确定，养老金受益人得到的收益为雇主和雇员供款总额以及供款上所赚的投资收益之和。

■差别计件制 (Differential Piece-rates)

差别计件制又叫差别计件工资制，是由管理大师泰勒最早提出来的，是针对超出标准生产量的劳工，提供额外的工资，但对于达成标准的劳工，则提供基本的工资率。此项工资率的计算较为复杂，同时，如何选择标准也不容易，标准太高，只有少数人才能达到标准，标准太低，则趋于泛滥。这种工资率较适合技术水准较高的产业。

■直接费用（Direct Expense）

直接费用是指与创造产品或服务有关的任何类型的费用。此类费用可能包括制造过程中使用的原材料，以及与管理实际生产的员工相关的人工成本。间接费用和直接费用的分类，对企业在管理运营成本方面非常重要。

■直接人工（Direct Labor）

直接人工又叫直接劳动，是指与产品或服务的生产直接相关的任何类型的工作所耗用的人工成本，属于直接成本，与间接成本相对应。

■直接劳动成本（Direct Labor Cost）

直接劳动成本是指直接用在生产产品中的劳动力成本，如流水线的人工成本，它与工厂保安、监工或管理人员等所构成之间接人工成本性质不同。

■直接工时产出率（Direct Labor Hour Rate）

直接工时产出率又叫直接人工小时率，是指根据直接人工时数作为分摊，间接制造费用至产品的制造费用的分摊方法。它反映的是企业在册生产工人，把制度工作时间用于生产工作的程度的指标。

E

■提前退休（Early Retirement）

提前退休是指一位员工在没有达到国家或企业规定的年龄或服务期限时就退休的行为。提前退休常常是由企业提出来的，以提高企业的运营效率。

■效能（Effectiveness）

效能重视组织目标的达成，重视结果，追求"做准确的事情（doing the right thing）"。效能是指，员工是否朝着正确的目标方向去努力。目标由上而下，可从公司经营战略一直到部门目标、个人责任额。

■效率（Efficiency）

效率强调资源的有效利用，是指以最少的投入，得到最大的产出，也就是"把事情做对（doing the thing right）"。有效率的组织不一定是有效能的组织，有效能的组织也不完全是有效率的组织。

■公平理论（Equity Theory）

公平理论一般指亚当斯公平理论，当一个人做出了成绩并取得了报酬以后，他不仅关心自己所得报酬的绝对量，而且关心自己所得报酬的相对量。

■免付加班费员工（Exempt Employee）

免付加班费员工一般指文职，不受劳工法最低薪酬条例所限制，工作超时无法拿到加班工资。比如某些业务主管性的、行政主管性的、专业性的，或在企业外从事销售的员工，雇主对这些人员的加班无须支付加班费。

F

■固定支出（Fixed Charges）

固定支出又叫固定费用，是指在企业正常营运下，不论生产件数多少，在各会计期间均会固定发生的费用支出。比如，公司每年取暖费是固定支出，每年都要支出，且数额相对稳定。

■固定成本（Fixed Cost）

固定成本又称固定费用，是相对于变动成本的一个概念，是指成本总额在一定时期和一定业务量范围内，不受业务量增减变动影响而能保持不变的成本。

■职能职务分析表（Functional Job Analysis，FJA）

职能职务分析表又叫功能性职务分析表，20世纪40年代，是由美国劳工部设计的一种系统，是从资料、人、事三个角度来评估各项工作的方法。用于确定一项工作的所有要素并对其进行评估，对其在工作中的重要性进行排序。

G

■收益分享（Gain Sharing）

收益分享又叫绩效分享、生产力奖励或盈余分享，它通常是与一些员工共同努力达成公司生产力目标的奖励计划有关。它是根据所产生的经济利润的增长，由组织与员工共同分享的概念而形成。

■玻璃天花板（Glass Ceiling）

玻璃天花板是指一种歧视性做法。这种做法阻止特定群体成员晋升到行政管理层次的位置。

■绿圈员工（Green-cycled Employee）

绿圈员工是指那些薪酬低于为该职务所确定的工资级别最低限

额的在职员工。

H

■人力资源（Human Resource）

人力资源又叫人事，是指在一个国家或地区中，处于劳动年龄、未到劳动年龄和超过劳动年龄但具有劳动能力的人口之和。或者表述为：一个国家或地区的总人口减去丧失劳动能力的人口之后的人口。人力资源也指一定时期内组织中的人所拥有的能够被企业所用，且对价值创造起贡献作用的教育、能力、技能、经验、体力等的总称。狭义来讲，就是企事业单位独立的经营团体所需人员具备的能力。

■人力资源战略（Human Resource Strategy）

人力资源战略的功能在于界定一家企业为达成目标所需要的人力资源。它处理的问题包括：人力资源的数量、质量、任务编组、外包等。

I

■间接人工成本（Indirect Labor Cost）

间接人工成本是指无法或极困难归属至特定产品或成本目标的人工成本，为间接制造费用之一部分，如工厂保安员、保洁员的工资。

■内部客户关系管理（Internal Customer Relationship Management）

内部客户关系管理可以说是一种管理方式，将组织内部的员工视为内部客户，重视员工的价值及重要性，并将精心设计的内部产品，如工作设计、公司的产品与服务、文化愿景等营销给员工，以期凝聚共识，激励士气，为组织留住适合且适任的人才，达成员工工作满意，使内部客户对组织有更高的认同感与更尽责的行为表现，进而提升企业整体的竞争能力。

J

■职务分析（Job Analysis）

职务分析又叫岗位分析、工作分析等，是指一种书面文件，搜集和分析关于各种职务的工作内容和对人的各种要求，以及履行工作背景环境等信息数据的一种系统方法。

■职务描述（Job Description）

职务描述又叫工作说明，是指一份记载着工作任务、工作职责、工作权限、岗位规范，以及工作条件的书面文件。

■岗位评估（Job Evaluation）

岗位评估又叫岗位评价、职位评估、工作评价等，是指确定企业内各种职务相对重要性的系统方法，它用于决定不同职位的相对价值，所以叫岗位评估。岗位评估越高者，则相对给予的薪酬水平也将越多。

■工作投入（Job Involvement）

工作投入是指个人心理上对工作的认同，并将工作绩效视为一个人价值观的反映。

■工作满意度（Job Satisfaction）

工作满意度通常是指某个人在组织内进行工作的过程中，对工作本身及其有关方面（包括工作环境、工作状态、工作方式、工作压力、挑战性、工作中的人际关系等）有良性感受的心理状态。比较流行和广泛使用的是美国著名人力资源管理公司Monster提出的六条价值标准：成功、独立、认同、支持、工作条件、人际关系。

■岗位规范（Job Specification）

岗位规范又叫职位规范，是指适合从事某一职位的人应当具备的受教育程度、技术水平、工作经验、身体条件等。

K

■关键绩效指标（Key Performance Indicator，KPI）

关键绩效指标又称关键业绩指标，是企业绩效考核的方法之一。这种方法的优点是标准比较鲜明，易于做出评估。KPI是现代企业中备受重视的业绩考评方法。可以使部门主管明确部门的主要责任。并以此为基础，明确部门员工的业绩衡量指标，使业绩考评建立在量化的基础之上。

■独门知识（Know-how）

独门知识又叫技术诀窍，一般指没有专利保护，具有无形资产性质的技术诀窍、专业知识、私家配方，统称为"Know how"。但是，一旦技术诀窍普及，被大家采用之后，它的价值就渐渐消失了。

L

■劳务工资（Labor Rates）

劳务工资是指劳务提供者通过劳务和活动取得的货币报酬，按取得工资的形式可分为计件工资和计时工资。劳务工资是劳工薪酬总额除以工作时间。比如，快餐店店员，每小时工资为50元人民币；心理咨询师，每小时为300元人民币。

M

■目标管理（Management by Objectives，MBO）

目标管理是由著名管理学者彼得·德鲁克所倡导的考核方法。其定义为：任何一个组织均必须有一项管理原则，以为该组织管理人员的行动指导，使各部门、各单位的个别目标得以与组织的目标获得协调，从而促成组织的团队精神。

■法定福利（Mandated Benefits）

法定福利又叫强制性福利，是政府要求企业为雇员提供的一系列保障计划，由企业和雇员分别按工资收入的一定比例缴纳社会保障税，其目的在于降低受了严重工伤或失业的工人陷入贫困的可能性，保障他们的被赡养人的生活，以及维持退休人员的收入水平。比如我国的"五险一金"制度。

■成熟曲线（Maturity Curve）

对于专业人员，个别绩效评估不易进行，所以采用所累积的技术专业工作的年限，作为薪酬给薪标准的做法。公立学校教师的资历与报酬之间的关系可利用成熟曲线来表示。

■动机（Motive）

在组织行为学里，动机被解释为是激发和维持有机体的行动，并将使行动导向某一目标的心理倾向或内部驱力。

N

■非薪酬激励系统（Non-compensation Reward System）

非薪酬激励系统是指企业给予员工在精神、心理、身体上的任何激励活动。

O

■组织报酬制度（Organizational Reward System）

组织报酬制度包含组织所要提供给受雇员工的报酬类型及其分配方式。

■外包（Outsourcing）

外包是指企业动态地配置自身和其他企业的功能和服务，并利用企业外部的资源为企业内部的生产和经营服务。企业可以专心于自己专长之工作，并向外取得其他非专长的资源或服务。

P

■薪资（Pay）

薪资是指员工收到的基本报酬，通常是薪金或工资。

■同工同酬（Pay Equity）

《中华人民共和国劳动法》第四十六条规定：工资分配应当遵循按劳分配原则，实行"同工同酬"。同工同酬是指用人单位对于技术和劳动熟练程度相同的劳动者在从事同种工作时，不分性别、年龄、民族、残疾、区域等差别，只要能以不同方式提供相同的劳动量，即获得相同的劳动报酬。同工同酬体现着两个价值取向：确保贯彻按劳分配这个大原则，即付出了同等的劳动应得到同等的劳动报酬。

■绩效评估（Performance Appraisal）

绩效评估是一套衡量员工工作表现的程序，用来评估员工在特定期间内的表现，时间通常是一年。在做年度绩效评估的时候，员工除了需要评估自己过去十二个月来的表现，同时也要考虑在未来一年中哪几方面工作需要再加强或受培训。

■绩效管理（Performance Management）

绩效管理是指各级管理者和员工为了达到组织目标，共同参与的绩效计划制订、绩效辅导沟通、绩效考核评价、绩效结果应用、绩效目标提升的持续循环过程，绩效管理的目的是持续提升个人、部门和组织的绩效。

■按件计酬（Piece Rate）

按件计酬又称件工，是指根据员工生产数量来计算报酬，与一般照工作时数计算薪酬的方法不同。因为员工偏于加速增加件数，粗制滥造，产品的质量如何则非监管不可。

■粉领工人（Pink-collar Workers）

由妇女担任的店员、秘书、护士等工作，称"粉领"，倾向于指代女性的蓝领阶级（blue-collar workers），尤其是从事电子设备装配工作的女性。

■生产力（Productivity）

生产力又叫生产能力，是反映企业所拥有的加工能力的一个技术参数，它也可以反映企业的生产规模。总之，生产能力是反映企业生产可能性的一个重要指标。

Q

■品管圈（Quality Control Circle，QCC）

品管圈是由同一个工作场所的人（6 人左右），为了解决工作问题，突破工作绩效，自动自发地合成一个小团体，然后分工合作，应用品管的简易统计手法当工具，进行分析，解决工作场所的障碍问题以达到业绩加强及改善之目标。 它是由日本石川馨博士于1962年首创。QCC 被认为是日本生产力神奇配方的重要成分。

R

■红圈员工（Red-cycled Employee）

红圈员工是指那些报酬高于企业为该职务所确定的工资级别最高的在职人员。

■经常性薪酬（Regular Earnings）

经常性薪酬是指劳工受雇主雇用从事工作，在一定计算期间内，以劳资双方同意的计算标准所获致的经常性报酬。劳工受雇主雇用从事工作所获得的薪酬，除经常性薪酬外，尚包括非经常性薪酬，而雇主雇用劳工的成本，则除直接付给劳工的经常性及非经常性薪酬外，还包括非薪酬激励。

S

■薪水（Salary）

在美国，人们经常把薪水和工资加以区别。薪水是指支付给那些免付加班费员工，也就是豁免于《公平劳动标准法案》相关规定的雇员的薪酬，这些雇员通常没有加班工资，往往被称作"例外者"。

■薪酬管理（Salary Management）

薪酬管理是指在组织发展战略指导下，对员工薪酬支付原则、薪酬策略、薪酬水平、薪酬结构、薪酬构成进行确定、分配和调整的动态管理过程。

■销售佣金（Sales Commission）

佣金是指根据销售数量或销售额的某比例来计算酬劳的报酬方式。销售佣金是指企业销售业务中卖方或买方支付给中间商代理买卖或介绍交易的服务酬金。可以说，佣金是商业活动中的一种劳务报酬，是具有独立地位和经营资格的中间人（通常不包括本企业的职工）在商业活动中为他人提供服务所得到的报酬。

■认股权（Stock Option）

认股权又称股票期权、经理股票期权，是指授予公司员工以一定的价格在将来某一时期购买一定数量公司股票的选择权。认股权一般授予高级管理人员或对公司有重大贡献的员工。运用认股权购买股票的行为称为行权或执行，购买股票的价格称为行权价或执行价格。当股票价格超过行权价时，通过行权可获得两者之间的差额。如果现在行权不能获利，可暂时不行使这一权利。

■战略性薪酬（Strategic rewards）

战略性薪酬是指一种薪酬个人或团队，借以鼓励其达成或贡献于组织目标的激励制度。有效的、战略性的整体奖酬计划可为企业带来很多好处：通过帮助企业评估并更好地管理整体奖酬计划的总成本，使其维持在合理、可持续的水平，从而帮助企业更明智地决定奖酬投资预算。与企业经营战略共同构成高绩效的文化。奖酬计划与企业经营战略的相关性、对其的支持程度，决定了它是推动抑或是削弱企业的绩效。

■管控幅度（Span of Control）

管控幅度是指管理者可以有效直接指导的部属人数。过去我们常说，适当的控制人数是7人，但因科技的进步和人力素质的提升而有相当程度的变异，例如，便利超商因推行加盟店的做法，使得加盟店的店主，在自利诱因和自主经营的需求下，将管控幅度大幅提高。

■起薪（Starting Salary）

起薪是指雇主雇用各职类新进员工所给予的初任薪酬。起薪不同于底薪，它一般是由学历、资历、技能来决定的，起薪通常是不同的，因人而异。

■直接计件率的工资（Straight Piece-rates）

直接计件率的工资，是指受雇劳工的工资计算，是由参与生产工作的所有劳工依产出多少平均分配给所有劳工。换言之，工资给予劳工的比率都是相同的。这种计算工资率的方法简明易懂，同时，每位劳工能够清楚知道他每周或每月所应领的工资，但是应用这种工资率的产业结构必须是标准化，其产品必须可大量生产，因此，这种工资率不适合因快速生产而可能降低质量的产业。

U

■单位劳动成本（Unit Labor Cost）

单位劳动成本又叫单位人工成本，是指每单位产出的劳动总成本，其计算方法是用员工平均工资除以这些员工的产出水平。

V

■变动成本（Variable Cost）

变动成本是指支付给各种变动生产要素的费用，如购买原材料及电力消耗费用和工人工资等。这种成本随产量的变化而变化，经常在实际生产过程开始后才需支付。

■变动薪给制（Variable-pay Systems）

变动薪给制，是指任何与生产力或公司利润相联结的薪酬制度。

比如，按件计酬制、佣金制、利润分享计划等。

W

■工资（Wage）

工资又叫工钱，是指雇主或者法定用人单位依据法律规定，或行业规定，或根据与员工之间的约定，以货币形式对员工的劳动所支付的报酬。

■工资和薪酬管理（Wage and Salary Administration）

工资和薪酬管理是指基本报酬制度的设计实施和日常管理，成功的组织薪酬管理政策的一个重要组成部分是监控和评估所有员工的薪酬，以确保他们得到适当的支付，这一过程通常是组织人力资源部的一项重要职能。

■工资曲线（Wage curve）

工资曲线与薪酬等级息息相关。它是指一种用来表明工作的重要性（价值）与 薪酬这一工作的平均工资之间关系的曲线。

■工资水平（Wage Level）

在一定时期内，企业对每位员工所支付的平均工资的高低程度。

■工资率（Wage Rate）

工资率是指计算工资标准的比率。劳工工资率的计算标准有两种，分别是直接计件工资（straight piece-rates）和差异计件率工资（differential piecerates）。